अभिशप्त

विंड्स नोटोरियस सीरीज़–1

अभिशप्त

सत्य घटनाओं पर आधारित
रोंगटे खड़े कर देने वाला उपन्यास

डॉ. किसलय पांडेय

प्रकाशक

प्रभात पेपरबैक्स

प्रभात प्रकाशन प्रा. लि. का उपक्रम

4/19 आसफ अली रोड, नई दिल्ली–110002

फोन : 23289777 • हेल्पलाइन नं. : 7827007777

इ–मेल : prabhatbooks@gmail.com ❖ वेब ठिकाना : www.prabhatbooks.com

संस्करण

प्रथम, 2022

मूल्य

दो सौ पचास रुपए

मुद्रक

आर–टेक ऑफसेट प्रिंटर्स, दिल्ली

★

ABHISHAPT

by Dr. Kislay Panday

Published by **PRABHAT PAPERBACKS**

An imprint of Prabhat Prakashan Pvt. Ltd.

4/19 Asaf Ali Road, New Delhi-110002

ISBN 978-93-5521-094-4

₹ 250.00

यह पुस्तक मेरे पिता **श्री राम मणि पांडेयजी** को समर्पित है, जिन्होंने बचपन से ही मेरे विचारों को आकार दिया और मुझे हमेशा यही सीख दी कि इस समाज में हम सब एक अदृश्य एवं अनकहे कर्ज से आबद्ध हैं, और वह कर्ज ज्ञान का कर्ज है। हमें चाहिए कि अगर हमें किसी प्रकार का ज्ञान है तो हम उससे दूसरों को भी लाभान्वित करें और स्वयं ज्ञान के कर्ज से उऋण हों।

मेरी पूजनीया माताजी **श्रीमती संजू पांडेयजी** को भी इस पुस्तक के प्रणयन का पूरा श्रेय जाता है, जिनके आशीर्वाद के बिना यह लेखन कार्य संभव नहीं था। मैंने जब-जब समय की कमी या पेशेगत व्यस्तता के कारण लेखन छोड़ने का प्रयास किया, मेरी पत्नी **श्रीमती स्मृति पांडेयजी** ने मेरा मनोबल बनाए रखा और मुझे लिखते रहने के लिए प्रेरित किया, सो उनका भी तहेदिल से शुक्रिया।

मैं विशेष धन्यवाद करता हूँ **श्रीमती मीतू माथुर बधवारजी** का, जिन्होंने समय निकालकर इस पुस्तक का संपादन किया और इसे आप सुधीजनों के पढ़ने लायक बनाया।

अंततः मुख्य रूप से यह पुस्तक परमपिता को समर्पित करते हुए मैं उनसे करबद्ध प्रार्थना करता हूँ कि यह आपको पसंद आए और मेरा लेखन सफल हो।

अतः परीक्ष्य कर्त्तव्यं विशेषात् सङ्गतं रहः।
अज्ञातहृदयेष्वेवं वैरीभवति सौहृदम्॥

॥ 5•24 ॥

—अभिज्ञानशाकुन्तलम् : महाकवि कालिदास

लेखकीय

कलम से मेरा नाता नया नहीं है। वकील होने के नाते मैंने न जाने कितने ही शोधपत्र, कितने ही कानूनी दस्तावेज तैयार किए हैं, पर यह पहली बार ही है कि मैं अपनी कलम के जरिए एक ऐसी कहानी साझा करने जा रहा हूँ, जो एक वकील के बौद्धिक तर्क-वितर्कों से परे सीधे उसके दिल से निकली है। और संयोग देखिए, मेरे अंतस् को झकझोरनेवाली इस घटना से मैं अपने पेशेवर जीवन के दौरान ही रूबरू हुआ।

गरीबों को न्याय सुलभ करवाना मेरे विभिन्न पेशेवर लक्ष्यों में से हमेशा एक रहा और इसी के तहत बंदी कल्याण कार्यक्रम के दौरान मेरी मुलाकात एक ऐसे युवक से हुई, जिसकी आपबीती इस पुस्तक के जरिए मैंने आप तक पहुँचाने की कोशिश की है। एक वकील होने के नाते मैं रोज न जाने कितने ही लोगों से मिलता-जुलता रहा हूँ; लेकिन इस युवक का आकर्षण उसकी गठीली देह से कहीं बढ़कर उसकी निश्छल आँखों में था।

एक स्तर पर यह एक ऐसे युवक की कहानी है, जिसने अपने माता-पिता के सपने पूरे करने के लिए गाँव से शहर तक की यात्रा की थी और जो अपनी मेहनत के बल पर संघर्षों के विभिन्न पड़ाव पार करते हुए सफलता के मुहाने तक जा पहुँचा था, पर तभी उसके साथ कुछ ऐसा घटा जिसने उसके जीवन को फिर से वक्त के थपेड़ों के हवाले कर दिया।

यह पुस्तक मेरे लिए स्मृतियों के संग्रह से कहीं ज्यादा है। इसे लिखते हुए मैंने इसके मुख्य पात्र के जीवन को खुद नए सिरे से जिया है और इसे

पाठकों को इस भरोसे के साथ सौंप रहा हूँ कि यह उनके लिए मात्र एक पुस्तक न होकर जीवन-दर्शन साबित होगी, और इसे पढ़ते हुए उन्हें भी अंतरावलोकन का उसी तरह मौका मिलेगा, जिस तरह इसे लिखते हुए मुझे मिला।

भाग-1

समाज-सेवा में हमेशा से ही मेरी गहरी रुचि रही है। यह मेरी खुशकिस्मती ही है कि मेरा पेशा मुझे समाज के प्रति अपना फर्ज निभाने का पूरा मौका देता है। इसी संदर्भ में मैं गरीब और असहाय कैदियों को न सिर्फ गुप्त कानूनी सुविधा मुहैया कराता रहा हूँ, बल्कि उनके परिवारों की मदद की पूरी ईमानदार कोशिश भी करता रहा हूँ। ऐसा मैं अपने बाकी सहयोगियों की मदद से करता हूँ, जो विभिन्न जेलों में बराबर जाते हैं और समाज-सेवा के इस काम में योगदान देते हैं।

इसी सिलसिले में एक दिन जब मेरे कुछ जूनियर वकील जेल पहुँचे तो जेलर साहब बड़े खुश थे। उन्होंने अपनी नत्थूराम जैसी मूँछों पर ताव देते हुए कहा, "भाई, आपके काम से मंत्रीजी और जिला प्रशासन बहुत खुश है, आखिर आप लोग इतना अच्छा काम कर रहे हैं! क्यों न हम मिलकर जेल में एक कार्यक्रम रखें और उसमें आप सार्वजनिक तौर पर अपने उद्देश्यों और योजनाओं के बारे में बताएँ। इससे ज्यादा-से-ज्यादा लोगों को उनके कानूनी अधिकारों के बारे में पता चल सकेगा और वे यह भी जानेंगे कि हमारी जेल और जेलों से बेहतर कैसे है।"

इतना सुनना था कि वकील साहब बगलें झाँकने लगे। आखिर वकालत अपनी जगह है और मंच पर खड़े होकर लोगों को संबोधित करना दूसरी। मंच से भाषण देना तो दूर वकील साहब की तो कभी स्कूल की बालसभा में चुटकुला सुनाने तक की हिम्मत नहीं हुई थी। कमरे में चार दोस्तों के साथ

बैठकर डेढ़ दिन में दुनिया बदलने का फॉर्मूला सुझाना अपनी जगह है, लेकिन मंच पर चढ़कर पचास-सौ लोगों के सामने भाषण देना अपनी जगह है और इससे पहले कि मंच से भाषण की भयानक कल्पनाओं में डूबकर वकील साहब खुद को और डराते, जेलर साहब ने उन्हें लगभग हार्ट अटैक देते हुए कहा, "हम कोशिश करेंगे कि कार्यक्रम में मंत्रीजी और मीडिया भी रहे।"

अब तो वकील साहब की इच्छा हुई कि राष्ट्रपति को चिट्ठी लिखकर खुद के लिए इच्छामृत्यु माँग लें। उन्होंने लगभग मिमियाते हुए कहा, "जेलर साहब! हम लोग वकील हैं। यह हमसे नहीं हो पाएगा।"

पर जेलर साहब ने जेलर के ही अंदाज में कहा, "न भाई, न, ऐसा मत करना। चाहे कुछ भी करो, पर कार्यक्रम होना जरूरी है, वरना मैं कहीं का नहीं रहूँगा। मंत्रीजी का भी ऐसा ही मन है।"

अपनी एक न चलती देख वकील साहब ने यह कहकर जान छुड़ाई कि वे अपने सीनियर्स से बात करके जवाब देंगे। उसके बाद तो जेलर साहब इस सिलसिले में दिन-रात फोन करने लगे। तंग आकर वकील साहब ने जेलर को मुझसे मिलने के लिए कह दिया।

अपनी एक न चलती देख वकील साहब ने यह कहकर जान छुड़ाई कि वे अपने सीनियर्स से बात करके जवाब देंगे। उसके बाद तो जेलर साहब इस सिलसिले में दिन-रात फोन करने लगे। तंग आकर वकील साहब ने जेलर को मुझसे मिलने के लिए कह दिया।

फिर क्या था, पहली फुरसत में जेलर साहब ने मेरे ऑफिस में रेड मार दी। पहले तो मैंने उन्हें टालने की कोशिश की, पर उनके हठ के आगे मुझे समर्पण करना ही पड़ा।

कार्यक्रम की तारीख तय की गई। कार्यक्रम में भाषण देने के लिए दर्जनों रिहर्सल की गईं। मंत्री साहब की मौजूदगी ने हमें और सतर्क कर दिया था। हम नहीं चाहते थे कि अपनी तरफ से कोई चूक रह जाए। हम सबकी

मेहनत रंग भी लाई। आखिरकार तय तारीख पर कार्यक्रम सफलतापूर्वक संपन्न हुआ।

आम लोग तो खुश थे ही, मंत्रीजी तक इतने भावुक हो गए कि उन्होंने महीने में ऐसे दो-तीन कार्यक्रम करवाने की माँग कर डाली। उनकी इस भावुकता को देख हमें लगा कि इससे तो कार्यक्रम खराब ही कर देते तो ज्यादा अच्छा था! खैर, मैंने भी उस समय हामी भरकर बात टाल दी।

कार्यक्रम खत्म हो चुका था। लगभग सभी लोग विदा ले चुके थे। मैं भी बस निकलने ही वाला था कि अचानक मेरे सामने एक नौजवान आ खड़ा हुआ। उम्र यही कोई पच्चीस बरस रही होगी; कद करीब छह फीट, घुँघराले बाल, सम्मोहक आँखें, चौड़ा माथा और गठीला बदन। बंदे में गजब का आकर्षण था।

कार्यक्रम खत्म हो चुका था। लगभग सभी लोग विदा ले चुके थे। मैं भी बस निकलने ही वाला था कि अचानक मेरे सामने एक नौजवान आ खड़ा हुआ। उम्र यही कोई पच्चीस बरस रही होगी; कद करीब छह फीट, घुँघराले बाल, सम्मोहक आँखें, चौड़ा माथा और गठीला बदन। बंदे में गजब का आकर्षण था।

इससे पहले कि मैं कुछ समझ पाता, उसने मेरे पैर छू लिये। मैंने आशीर्वाद देने के लिए हाथ उठाया ही था कि उसने प्रश्न किया, “पांडेय साहब आप ही हैं न?”

“खुश रहिए,” कहते हुए मैंने ‘हाँ’ में सिर हिलाया, अब प्रश्न पूछने की बारी मेरी थी, सो मैंने पूछा, “तुम कौन हो और यहाँ क्या कर रहे हो?”

जवाब देने के बजाय उसने दूसरा प्रश्न दागा, “आप इलाहाबाद से हैं न?” मैंने ‘हाँ’ में सिर हिलाया।

इस पर उसने कहा कि मैं इलाहाबाद के पास के शहर प्रतापगढ़ से हूँ। चूँकि प्रतापगढ़ मेरा जन्म-स्थान है तो लाजिमी है कि उसके लिए मेरे दिल में

खास जगह है, लिहाजा उस लड़के के प्रति अतिरिक्त नरमी दिखाते हुए मैंने पूछा, "वह सब तो ठीक है, पर तुम हो कौन और यहाँ क्या कर रहे हो, शहर से दूर इस जेल में?"

इस पर वह ठिठक गया और उससे कोई जवाब देते नहीं बना। उसका चेहरा तनाव से भर गया। ऐसा लग रहा था कि वह अपनी बात को रखने के लिए सही शब्द नहीं तलाश पा रहा है और इससे पहले कि वह कुछ बोल पाता, जेल मुंशी ने आकर बताया कि मुलाकात का वक्त खत्म हो गया और नियमों के मुताबिक अब हमें वहाँ से जाना होगा।

हमारी बात अधूरी रह गई थी या यूँ कहूँ कि बात शुरू होने से पहले ही खत्म हो गई थी। जेल से लौटने के बाद काफी समय तक मैं उस नौजवान के बारे में सोचता रहा। इतनी भीड़ में उसका अचानक यूँ मेरे पास आना, मेरी तरह उसका भी प्रतापगढ़ से होना, उसे मेरा नाम पता होना और इन सबसे बढ़कर उस युवक के चेहरे की वह बेचैनी।

हमारी बात अधूरी रह गई थी या यूँ कहूँ कि बात शुरू होने से पहले ही खत्म हो गई थी। जेल से लौटने के बाद काफी समय तक मैं उस नौजवान के बारे में सोचता रहा। इतनी भीड़ में उसका अचानक यूँ मेरे पास आना, मेरी तरह उसका भी प्रतापगढ़ से होना, उसे मेरा नाम पता होना और इन सबसे बढ़कर उस युवक के चेहरे की वह बेचैनी।

मैं सोचने लगा कि ऐसा क्या था, जो वह मुझसे कहना चाहता था, उस जैसा आकर्षक और सौम्य व्यक्ति वहाँ क्या कर रहा था? मैंने जितना इन सब बातों के बारे में सोचा, मेरी बेचैनी और बढ़ती चली गई।

अगली शाम जेलर साहब फिर एक गुलदस्ता लिये मेरे सामने थे। कार्यक्रम की सफलता से वे काफी गद्गद थे। धन्यवाद देने के साथ ही बताने लगे कि मंत्री महोदय भी बड़े प्रभावित हुए थे, इसलिए जेलर साहब

का आग्रह था कि हो सके तो जल्द ही ऐसा कार्यक्रम फिर किया जाए। जेलर साहब के मुँह से दोबारा कार्यक्रम करवाने की बात सुनकर मैं मन-ही-मन उछल पड़ा और बिना देरी किए बोला, "क्यों नहीं, जब कहें।"

मेरा मन उस नौजवान से मिलने के लिए बेचैन हो उठा था, दरअसल उसी अधूरी मुलाकात को पूरी करने की मंशा से मैंने जेलर साहब को मिलने का समय भी दिया था। मेरे इस तरह फौरन मिलने की बात सुनकर जेलर साहब भी हैरान रह गए।

वे सीट से लगभग फिसलते हुए बोले, "तो ठीक है, फिर मंगलवार सुबह साढ़े ग्यारह बजे मिलते हैं।" मैंने भी झट से मंगलवार को मिलने के लिए 'हाँ' कर दी। जेलर साहब का काम हो गया था तो मेरे 'हाँ' कहते ही उन्होंने फौरन विदा ले ली।

मेरा मन उस नौजवान से मिलने के लिए बेचैन हो उठा था, दरअसल उसी अधूरी मुलाकात को पूरी करने की मंशा से मैंने जेलर साहब को मिलने का समय भी दिया था। मेरे इस तरह फौरन मिलने की बात सुनकर जेलर साहब भी हैरान रह गए।

उनके जाने के बाद सेक्रेटरी ने मुझे बताया कि मंगलवार को मेरे कई मुकदमे जिरह पर लगे हुए हैं, लेकिन मैंने उसे कोर्ट से माफी माँग लेने और आगे की तारीख ले लेने के लिए कह दिया। मैं इस मुलाकात को नहीं टाल सकता था, अब मुझे बड़ी बेसब्री से मंगलवार का इंतजार था, ताकि मैं उस नौजवान से अधूरी मुलाकात पूरी कर सकूँ। पता नहीं क्या कहना चाहता था वह...।

□

भाग-2

मंगलवार के इंतजार में मानो सेकंड भी सदियों जैसे बीत रहे थे। इस हद तक बेचैनी थी कि जैसे शोले में गब्बर पूछा करता था कि होली कब है, कब है होली? वैसे ही मैं अपने ऑफिस के जूनियर वकीलों से पूछता था, कब है मंगलवार? मैं अपने साथ जानेवाले वकीलों की टीम में बार-बार बदलाव कर रहा था। मैंने किसी तरह साथ जाने के लिए तीन लोगों का चुनाव किया और उन्हें साफ समझा दिया कि टाइम जरूर 11:30 का है, लेकिन जेल में सुरक्षा औपचारिकताएँ इतनी ज्यादा होती हैं कि बेहतर होगा कि हम वहाँ एक घंटा पहले ही पहुँच जाएँ।

आखिरकार मंगलवार का दिन आ गया। हम जेल परिसर के बाहर थे। मुलाकात का टाइम 11:30 का था। मैंने जूनियर वकीलों को 10:30 बजे का टाइम दे रखा था, पर मेरी बेचैनी कुछ ऐसी थी कि मैं सुबह 8 बजे ही वहाँ पहुँच गया था, हालाँकि अपनी इस बेचैनी के बारे में सोचकर खुद मुझे अजीब लग रहा था।

मुलाकात में अभी 3 घंटे बाकी थे। मैंने गाड़ी में ही बैठकर वक्त बिताना बेहतर समझा। कुछ ही देर में गाड़ी में बैठे-बैठे आँख लग गई, फिर जब ड्राइवर ने चाय के लिए पूछा, तब मेरी आँख खुली। मेरे 'हाँ' कहने पर वह सड़क के किनारे लगे एक ठेले पर चाय लेने चला गया। इस बार मैंने वह सबकुछ ध्यान से देखा, जो पिछली बार शायद भीड़ के चक्कर में नहीं देख पाया था। वह भले ही सड़क किनारे का एक छोटा-सा ठेला था, पर उसके

इर्द-गिर्द जमी भीड़ देखकर लगता था, मानो देश के किसी बहुत मशहूर रेस्तराँ के बाहर लोग अपनी बारी का इंतजार कर रहे हों।

भीड़ देखकर मैं सोचने लगा कि पता नहीं इसकी चाय में ऐसा क्या खास है ? क्या यह चाय में ऊँटनी का दूध डाल रहा है ? पीनेवालों की इतनी भीड़ मैंने दारू के ठेकों के बाहर तो देखी है, मगर पीनेवालों का ऐसा हुजूम मैंने किसी चाय के ठेले पर नहीं देखा।

यह सब सोचते-सोचते मेरा ध्यान उस ठेले पर खड़ी जनता पर गया; लाठी के सहारे खड़ा 80 साल का एक बुजुर्ग, चेहरे पर मेकअप और गलतफहमी का बोझ लादे 20-22 साल की एक युवती, बीड़ी के साथ अपना जीवन फूँक रहे कुछ लड़के और न जाने कितनी ही अदाएँ, कलेवर और तेवर लिये लोग वहाँ चाय का प्रसाद ग्रहण करते हुए खुद को धन्य मान रहे थे। इस बीच मेरा जीवन कृतार्थ करने के लिए मेरा ड्राइवर भी चाय ले आया।

यह सब सोचते-सोचते मेरा ध्यान उस ठेले पर खड़ी जनता पर गया; लाठी के सहारे खड़ा 80 साल का एक बुजुर्ग, चेहरे पर मेकअप और गलतफहमी का बोझ लादे 20-22 साल की एक युवती, बीड़ी के साथ अपना जीवन फूँक रहे कुछ लड़के और न जाने कितनी ही अदाएँ, कलेवर और तेवर लिये लोग वहाँ चाय का प्रसाद ग्रहण करते हुए खुद को धन्य मान रहे थे।

खुद के लिए मोक्ष की कामना करते हुए जैसे ही मैंने चाय का पहला घूँट अंदर लिया तो लगा कि किसी ने सुकरात के प्याले के बचे हुए जहर में चायपत्ती मिलाकर मुझे पिला दी है। चाय का आधा घूँट अंदर जाते ही लगा कि मेरी आत्मा मेरे कान के रास्ते शरीर से बाहर निकल गई है।

अपनी जली जीभ, उखड़े मन और सुलगती आत्मा पर काबू पाते हुए मैंने अपने ड्राइवर से पूछा—भाई, क्या इस वाहियात चाय के लिए यह भीड़

यहाँ जमा हुई है ? यह चाय तो ऐसी है कि जेल में 6 महीने की सजा काट रहा कैदी भी इसे पीने के बजाय फाँसी के फंदे पर झूल जाना पसंद करेगा। यह चाय तो इतनी खतरनाक है कि इसे युद्ध में रासायनिक हथियार के तौर पर इस्तेमाल किया जा सकता है। युद्ध में दुश्मन देशों पर बम गिराने के बजाय ऐसी चाय की अगर 4–5 बाल्टियाँ भरके गिरा दी जाएँ तो वहाँ की फौज 15 मिनट में रहम की भीख माँगते हुए सरेंडर कर दे।

मुझे समझ नहीं आ रहा कि इस चाय के लिए यहाँ इतने लोग इकट्ठा हुए हैं। देखते–ही–देखते मेरी दिलचस्पी उस नौजवान की बेचैन आँखों से ज्यादा इस वाहियात चाय के लिए इकट्ठा हुई बेचैन भीड़ में हो गई। चाय का एक घूँट लेने के बाद तो मैं इस भीड़ के रहस्य को समझने के लिए इतना व्यग्र हो गया कि अगर जल्द ही मुझे इसका जवाब न मिलता तो मैं युवक से अपनी मुलाकात टालकर अपना शेष जीवन इस चाय को पीने आई भीड़ को समझने में खपा सकता था।

मगर इससे पहले कि इन चाय पिपासुओं का रहस्य मुझे नर्वस ब्रेकडाउन का शिकार बनाता, मेरे ड्राइवर ने मेरी हृदयगति को सामान्य करते हुए कहा कि सर, ये लोग यहाँ चाय पीने नहीं, बल्कि जेल में बंद अपने रिश्तेदारों से मिलने के लिए आए हैं। यहाँ आसपास चाय का कोई और ठेला नहीं है और इनमें से ज्यादातर का नंबर आने में अभी टाइम है, इसलिए झक मारकर सभी यहाँ चाय पी रहे हैं।

मगर इससे पहले कि इन चाय पिपासुओं का रहस्य मुझे नर्वस ब्रेकडाउन का शिकार बनाता, मेरे ड्राइवर ने मेरी हृदयगति को सामान्य करते हुए कहा कि सर, ये लोग यहाँ चाय पीने नहीं, बल्कि जेल में बंद अपने रिश्तेदारों से मिलने के लिए आए हैं।

ड्राइवर की इस सफाई के बाद 5 मिनट पहले इनसानियत में खोया मेरा यकीन फिर से अपने ठिकाने लौट आया।

इस बीच घड़ी पर नजर पड़ी तो पौने दस बज चुके थे। मैंने जूनियर वकीलों को फोन लगाकर पूछा कि वे कहाँ पहुँचे तो उन्होंने बताया कि वे जाम में फँसे हैं। इस पर मैंने चुटकी लेते हुए कहा कि भाई, जाम में तो लोग अकसर रात में फँसते हैं, तुम लोग सुबह-सुबह कैसे फँस गए! मेरी उम्मीद के मुताबिक उन्हें जोक समझ नहीं आया और उन्होंने उसी साँस में आधे घंटे के अंदर मेन गेट पर पहुँचने की बात की।

मैंने ड्राइवर से गाड़ी जेल के मेन गेट तक ले चलने को कहा। ड्राइवर ने बताया कि गाड़ी के पीछे जेल का मुख्य दरवाजा ही था, खैर जैसे-तैसे समय काटते आखिरकार सवा दस बज गए थे और मेरे जूनियर्स भी आ चुके थे। लिहाजा मैं अपनी टीम के साथ उस जेल के मुख्य द्वार की तरफ बढ़ चला।

मैंने ड्राइवर से गाड़ी जेल के मेन गेट तक ले चलने को कहा। ड्राइवर ने बताया कि गाड़ी के पीछे जेल का मुख्य दरवाजा ही था, खैर जैसे-तैसे समय काटते आखिरकार सवा दस बज गए थे और मेरे जूनियर्स भी आ चुके थे। लिहाजा मैं अपनी टीम के साथ उस जेल के मुख्य द्वार की तरफ बढ़ चला।

पिछली बार जब मैं आया था तो बहुत सी चीजों पर ध्यान नहीं दे पाया था, मगर इस बार हर छोटी-बड़ी चीज अपने पूरे हुस्न और पुरातात्त्विकता के साथ मेरे सामने थी, मसलन—सुरक्षा अनुशासन को पार करने के बाद जो लोहे का गेट था, वह इतना बड़ा और पुराना था कि एक बार को भ्रम होता था कि शायद 13वीं शताब्दी के किसी पुराने किले से उखाड़कर यहाँ लगाया गया है। इतना ही नहीं, उसे खोल पाना एक-आध बंदे के वश की बात बिल्कुल नहीं थी।

खैर, मैंने एक भले आदमी की तरह उस दरवाजे को खटखटाना जरूरी समझा। दाईं ओर से एक बड़ा खिड़कीनुमा दरवाजा खुला और एक सिपाही ने झाँककर पूछा, "क्या बात है," पर जिस अंदाज में वह बोला, ऐसा लगा कि वह पूछ नहीं, धमका रहा है।

उसकी भारी-भरकम, रोबदार आवाज सुनकर एक बार तो सच में मैं भी भूल गया था कि क्या बात है! फिर मैंने अपना संक्षिप्त परिचय देते हुए कहा कि आपके जेलर साहब के आमंत्रण पर हम लोग आए हैं। बेहतर होगा, आप उन्हीं से पूछें कि उन्होंने हमें क्यों बुलाया है।

इस पर वह हमारा कार्ड लेकर हमें वहीं खड़े रहने का इशारा करते हुए अंदर चला गया। कुछ देर बाद जब वह लौटा तो उसके हाव-भाव बदल चुके थे, अब उसने किसी फाइव स्टार होटल के गार्ड की तरह हमें सैल्यूट किया और दरवाजा खोलकर हमें अंदर आने का आमंत्रण दिया।

इस पर वह हमारा कार्ड लेकर हमें वहीं खड़े रहने का इशारा करते हुए अंदर चला गया। कुछ देर बाद जब वह लौटा तो उसके हाव-भाव बदल चुके थे, अब उसने किसी फाइव स्टार होटल के गार्ड की तरह हमें सैल्यूट किया और दरवाजा खोलकर हमें अंदर आने का आमंत्रण दिया।

अंदर जाने पर हमने देखा कि जिस गेट से हम लोग अंदर आए थे, उसके बाद एक और बड़ा गेट था, जिसपर किसी और राज्य की पुलिस के सुरक्षा प्रहरी तैनात थे। वह आपस में जो बात कर रहे थे, उससे इतना तो समझ आया कि वह तमिल बोल रहे थे, मगर बोल क्या रहे थे, वह जरा भी पल्ले नहीं पड़ा।

तभी एक और पुलिसवाले ने, जिसे लोग असिस्टेंट सुपरिंटेंडेंट साहब कह रहे थे, आकर गर्मजोशी से हाथ मिलाया और बोला कि जेलर साहब अभी तक आए नहीं हैं, लेकिन मुझे आपके आने की जानकारी थी, पर आपके आने का समय तो 11:30 बजे था शायद। उसके यह कहने पर मैं झेंप-सा गया और अपनी झेंप मिटाने के लिए मुझे झूठ का सहारा लेना पड़ा।

मैंने हैरान होते हुए कहा, 11.30 बजे, अरे नहीं, हमारी तो 10.30 बजे आने की बात हुई थी। यह बात मैंने इतने आत्मविश्वास से कही कि अब वे झेंप गए। मुझसे माफी माँगते हुए उन्होंने कहा कि अगर ऐसा है तो मैं क्षमा

चाहता हूँ। इसके बाद असिस्टेंट सुपरिंटेंडेंट ने पूछा, "अच्छा, बताइए! आप कैसे इस कार्यक्रम को आगे बढ़ाना चाहेंगे?"

"आज हम सिर्फ लोगों से अलग-अलग मिलना चाहेंगे, उनकी समस्याएँ समझना चाहेंगे और उसके बाद देखेंगे कि 'बंदी कल्याण' कार्यक्रम को किस तरह आगे बढ़ाया जा सकता है, जिस पर असिस्टेंट सुपरिंटेंडेंट साहब ने सहमति जाहिर करते हुए कहा कि ठीक है, मैं आप लोगों के 'चक्कर' पर बैठने का इंतजाम करवा देता हूँ।

आज हम सिर्फ लोगों से अलग-अलग मिलना चाहेंगे, उनकी समस्याएँ समझना चाहेंगे और उसके बाद देखेंगे कि 'बंदी कल्याण' कार्यक्रम को किस तरह आगे बढ़ाया जा सकता है, जिस पर असिस्टेंट सुपरिंटेंडेंट साहब ने सहमति जाहिर करते हुए कहा कि ठीक है, मैं आप लोगों के 'चक्कर' पर बैठने का इंतजाम करवा देता हूँ।

मैंने कौतूहलवश पूछा कि 'चक्कर' क्या होता है, जिस पर उन्होंने मुसकराते हुए बताया कि जेल का वह भाग, जहाँ से सारे जेल को कंट्रोल किया जाता है, उसे जेल की आम भाषा में 'चक्कर' कहते हैं। मैंने बात को न समझते हुए भी समझने की मुद्रा में सिर हिलाया, क्योंकि 'चक्कर' के नाम पर मैंने आज तक लड़की का चक्कर सुना था, फिल्म हेरा-फेरी में अक्षय कुमार के मुँह से पैसे का चक्कर सुना था, मगर जेल में भी किसी तरह का कोई चक्कर होता है, इसकी मुझे कोई जानकारी नहीं थी।

खैर, जब चक्कर में बैठने की बात आई तो मैंने सुपरिंटेंडेंट साहब से अनुरोध किया कि वे बैठने का दो अलग-अलग जगह इंतजाम कर दें, मेरा अलग और मेरी टीम का अलग, ताकि मैं दूर से लोगों को देख सकूँ, जिसपर उन्होंने हामी भर दी। उन्होंने हम सबको अपने पीछे आने को कहा और उस दूसरे बड़े गेट से, जो अभी तक बंद था, आगे बढ़ चले। जिस समय मैं अपने तीन सहयोगियों के साथ उस गेट को

पार कर रहा था, मुझे साफ महसूस हो रहा था कि मैं एक अत्यंत बोझिल और नकारात्मक माहौल में प्रवेश कर रहा हूँ। घुटन-सी हो रही थी, पर उस नवयुवक से मिलने का जुनून कदमों को तेजी दे रहा था।

दो-तीन मिनट की कदमताल के बाद हम लोग जेल के उस कंट्रोल हॉल में पहुँच गए थे, जिसे आम भाषा में 'चक्कर' कहा जाता है। वहाँ का माहौल कुछ अजीब-सा था। कमरे में तीन तरफ दरवाजे थे, पर तीन दिशाओं से आने के बाद भी हवा बँधी-बँधी-सी महसूस होती थी। जमीन पर लगीं स्लेटी टाइल्स और दीवार पर पुते चूने के रंग ने कमरे के अवसाद को बढ़ाने का काम किया था।

दो-तीन मिनट की कदमताल के बाद हम लोग जेल के उस कंट्रोल हॉल में पहुँच गए थे, जिसे आम भाषा में 'चक्कर' कहा जाता है। वहाँ का माहौल कुछ अजीब-सा था। कमरे में तीन तरफ दरवाजे थे, पर तीन दिशाओं से आने के बाद भी हवा बँधी-बँधी-सी महसूस होती थी।

देखते-ही-देखते कमरे में दो मेजें लग चुकी थीं; तीन कुरसियों के साथ एक मेज मेरी टीम के लिए, जबकि दूसरी मेज एक कुरसी के साथ मेरे लिए थी। अभी हम लोग खड़े ही थे कि हमें यह उद्घोषणा सुनाई दी—कृपया ध्यान दें! सभी कैदी व हवालाती भाइयों को सूचित किया जाता है कि जेल में सुप्रीम कोर्ट के वकील साहब की टीम आई है। उनके द्वारा न सिर्फ मुफ्त कानूनी सहायता दी जा रही है, बल्कि आपके परिजनों को भी रोजगार संबंधी आवश्यक मदद दी जाएगी। इच्छुक लोग अपने कागजात लेकर जल्द-से-जल्द चक्कर पहुँचें, मुड़कर देखने पर मैंने पाया कि मेरी मेज से कुछ दूरी पर ही सफेद कुरते-पाजामे में बैठा एक पतला-दुबला, तीखे नैन-नक्श का अधेड़ यह उद्घोषणा कर रहा था। उसे सुनते-सुनते ही मैं अपने लिए लगी कुरसी पर जा बैठा।

असिस्टेंट सुपरिंटेंडेंट साहब दो सिपाहियों की ड्यूटी वहाँ लगाते हुए उन्हें

निर्देश दे रहे थे कि कैदियों की एंट्री रजिस्टर में करना, जबकि हवालातियों की एंट्री एक सादे कागज पर करते जाना (जिन्हें कैदी और हवालाती के बीच अंतर न पता हो, उन्हें मैं बता देना चाहता हूँ कि जिन लोगों के मुकदमे खत्म हो चुके होते हैं और सजा सुनाई जा चुकी होती है, उन्हें कैदी कहते हैं, जबकि जिनके मुकदमे चल रहे होते हैं और जमानत नहीं मिली होती, जेल में बंद ऐसे लोगों को हवालाती कहा जाता है)। अभी असिस्टेंट सुपरिंटेंडेंट साहब अपने सिपाहियों को ताकीद कर ही रहे थे कि एक-एक करके लोगों का आना शुरू हो गया।

अलग-अलग लोग अपनी-अपनी समस्याएँ बता रहे थे। कोई कह रहा था कि साहब, मैंने 300 रुपए की चोरी की थी और आज 2 साल से जेल में बंद हूँ, मेरी कोई सुनवाई नहीं है तो कोई कह रहा था कि सर, मैं यू.एस. में अपनी पढ़ाई कर रहा था, तभी पता चला कि मेरी भाभी ने आत्महत्या कर ली। मैं उनके संस्कार में शामिल होने यहाँ आया पर न जाने क्यों, भाभी के मायकेवालों ने पुलिस में दहेज की शिकायत कर दी, जिसके बाद शिकायत में मेरा नाम न होते हुए भी मुझे जेल भेज दिया गया और आज 3 साल से मैं अपने पूरे परिवार सहित जेल में बंद हूँ। पैरवी करने के लिए भी कोई बाहर नहीं बचा।

अलग-अलग लोग अपनी-अपनी समस्याएँ बता रहे थे। कोई कह रहा था कि साहब, मैंने 300 रुपए की चोरी की थी और आज 2 साल से जेल में बंद हूँ, मेरी कोई सुनवाई नहीं है तो कोई कह रहा था कि सर, मैं यू.एस. में अपनी पढ़ाई कर रहा था, तभी पता चला कि मेरी भाभी ने आत्महत्या कर ली।

सबकी अपनी समस्याएँ थीं, पर इस सबके बीच मेरी आँखें तो उस नौजवान को ढूँढ़ रही थीं, जिसका कहीं कोई अता-पता नहीं था। मैंने पास ही सफेद कुरते-पाजामे में खड़े एक सज्जन को उसके बारे में जानने की मंशा से पुकारा, पर तभी मुझे अहसास हुआ कि मैंने उस नौजवान का नाम तो पूछा ही नहीं था, फिर भी मैं हुलिया बताकर उस नौजवान के बारे में जानने की

कोशिश करने लगा, पर कोई फायदा नहीं हुआ।

डेढ़-दो घंटे बीत चुके थे और मेरी बेचैनी बढ़ती जा रही थी। फरियादी मेरी बेचैनी से बेखबर थे। मैं सिर झुकाए बैठा था कि तभी अचानक किसी ने मेरे पैर छू लिये। नजर उठाकर देखा तो सामने वही नौजवान था।

मेरी खुशी का ठिकाना नहीं था, पर उसे जाहिर न करते हुए मैंने उससे कहा, "कहाँ रह गए थे, भई! आओ, बैठो।"

इस पर वह बोला कि सर, जेल में हम लोगों को कुरसी पर बैठने की इजाजत नहीं होती। मैं खड़ा ही ठीक हूँ।

यह सुनकर मुझे बड़ी झुँझलाहट हुई और लगभग गुस्सा होते हुए मैंने उससे कहा कि ऐसा कोई कानून नहीं है। सामने पड़ी कुरसी पर बैठ जाओ। कोई कुछ कहेगा तो मैं यहाँ बैठा हूँ।

मेरे इस आश्वासन के बाद वह हिचकिचाते हुए कुरसी पर बैठ तो गया, पर डर के भाव अभी भी उसके चेहरे पर साफ झलक रहे थे।

इस पर वह बोला कि सर, जेल में हम लोगों को कुरसी पर बैठने की इजाजत नहीं होती। मैं खड़ा ही ठीक हूँ।
यह सुनकर मुझे बड़ी झुँझलाहट हुई और लगभग गुस्सा होते हुए मैंने उससे कहा कि ऐसा कोई कानून नहीं है। सामने पड़ी कुरसी पर बैठ जाओ। कोई कुछ कहेगा तो मैं यहाँ बैठा हूँ।

न जाने कितने ही सवाल थे मेरे पास।

"तुम्हारा नाम क्या है?" मैंने पहला सवाल दागा।

"रणविजय कुमार सिंह," उसने जवाब दिया।

"यहाँ कैसे पहुँच गए?"

"साहब, मैं खुद नहीं समझ पाया कि मैं यहाँ कैसे और क्यों पहुँच गया," उसने जवाब दिया।

"हुआ क्या था, यह बताओ, बाकी मैं खुद समझ लूँगा," मैंने कहा।

वह झिझकते हुए बोला, "साहब, मुझे समझ में नहीं आ रहा कि मैं शुरुआत कहाँ से करूँ!"

मैं उसकी परेशानी समझ पा रहा था। अकसर ऐसे मौकों पर लोगों को बातों का सिरा नहीं मिलता। उन्हें समझ नहीं आता कि कहाँ से शुरू करें। जेल का तनावपूर्ण और नितांत अकेला माहौल इनसान के दिमाग को विचारों से भर देता है। ऐसे में अचानक जब किसी को अपने दिल की बात कहने का मौका मिलता है तो वह समझ ही नहीं पाता कि कहाँ से शुरुआत करे।

रणविजय की हालत भी कुछ ऐसी ही थी।

मैंने हौसला देते हुए कहा, "तुम पहले आराम से बैठ जाओ, गहरी साँस लो, मन को शांत करो और जब सामान्य लगे, तब कुछ बोलो।"

मेरी इस बात से रणविजय काफी रिलैक्स हुआ। कुछ सेकंड की चुप्पी के बाद उसने अपने बारे में बताना शुरू किया। वह बोल रहा था और मैं बड़ी तन्मयता से उसे सुनता जा रहा था।

□

भाग-3

रणविजय ने बताना शुरू किया कि वह अपने पिता जागीर प्रताप सिंह और माँ सरस्वती देवी की इकलौती संतान था। पिताजी गाँव के जमींदार होने के साथ ही गाँव के सम्मानित लोगों में भी गिने जाते थे। इकलौता बेटा होने के नाते रणविजय जागीर प्रताप सिंह का लाड़ला था, पर माँ-बाप के बेइंतेहा लाड़-प्यार ने उसे बिगाड़ा नहीं था, बल्कि उस प्यार ने उसकी जड़ों को प्रेम से सिंचित किया था।

रणविजय ने अपनी शुरुआती पढ़ाई गाँव में ही की। कक्षा एक से लेकर बारहवीं तक वह हमेशा टॉपर रहा। अपने गाँव के साथ-साथ आसपास के गाँवों में भी मिसाल के तौर पर उसका नाम लिया जाता था। जब-जब लोग रणविजय की तारीफ के पुल बाँधते, तब-तब जागीर सिंह का सीना गर्व से चौड़ा हो जाता। माँ सरस्वती देवी अपने बेटे की बलाएँ लेती नहीं थकती थीं।

रणविजय पढ़ाई के साथ-साथ खेलकूद में भी अव्वल था। कबड्डी और वॉलीबॉल में आसपास के दस गाँवों में भी उसका कोई सानी न था। गाँव के लोग हमेशा जागीर प्रताप के पास रणविजय को लेकर नए-नए सुझाव लेकर आते थे।

कोई कहता था, इसे तो खिलाड़ी बनाओ, पूरे जिले का नाम रोशन करेगा तो कोई कहता था कि नहीं-नहीं! इसे तो बड़े आराम से बढ़िया सरकारी नौकरी मिल जाएगी और यह तो ठाठ से रहेगा।

रणविजय के पिता सबकी बातें सुनते और मन-ही-मन अपने बेटे पर फख्र महसूस करते हुए मुसकरा देते। बारहवीं की परीक्षा का रिजल्ट आ गया था। हर बार की तरह इस बार भी रणविजय ने टॉप किया था।

गाँव के लोग रणविजय के पिता को सलाह देने लगे कि आगे की पढ़ाई के लिए रणविजय को शहर से बाहर भेज दें, ताकि उसका भविष्य बन सके, वरना गाँव में रखा ही क्या है ? यह तो वही वाली बात हो जाएगी कि जंगल में मोर नाचा, किसने देखा।

रणविजय के पिता को गाँववालों की यह बात ठीक ही लगी। वे भी जानते थे कि कुछ बड़ा करने को लेकर गाँव की अपनी सीमाएँ हैं। अगर रणविजय को बड़ा आदमी बनाना है तो उसे आगे पढ़ने के लिए शहर भेजना ही होगा। उन्होंने ठान लिया था कि चाहे कितनी भी मुश्किलें क्यों न आएँ, वे ऐसा ही करेंगे।

रणविजय के पिता को गाँववालों की यह बात ठीक ही लगी। वे भी जानते थे कि कुछ बड़ा करने को लेकर गाँव की अपनी सीमाएँ हैं। अगर रणविजय को बड़ा आदमी बनाना है तो उसे आगे पढ़ने के लिए शहर भेजना ही होगा। उन्होंने ठान लिया था कि चाहे कितनी भी मुश्किलें क्यों न आएँ, वे ऐसा ही करेंगे।

उन्होंने जब यह प्रस्ताव रणविजय की माँ के सामने रखा तो वे एकदम से दुःखी हो गईं और उन्होंने जागीर सिंह से दो-टूक कह दिया कि मेरे जीते-जी हमारा बेटा कहीं नहीं जाएगा। वे किसी कीमत पर अपने बेटे को खुद से दूर करने को तैयार नहीं थीं। यह सुनकर वे इतनी भावुक हो गईं कि रणविजय के पिता की एक भी बात सुनने को राजी नहीं हुईं।

उस समय तो जागीर सिंह मौके की नजाकत देखते हुए चुप हो गए, पर समय-समय पर बच्चे के भविष्य की दुहाई दे-देकर उन्होंने सरस्वती देवी को रणविजय को शहर भेजने के लिए तैयार कर ही लिया।

अपने शहर जाने की बात सुनकर रणविजय कुछ चौंक-सा गया था। शहर जाने का मतलब अपने बचपन के संगी-साथी, गाँव के अपनत्व भरे लोगों, गाँव की खुली आबो-हवा सबकुछ छोड़ देना था और यह सब तो उसकी नस-नस में इतना रचा-बसा था कि वह तो इनके बगैर जीने की कल्पना भी नहीं कर सकता था।

गाँव के लोग उसे शहर से जुड़े अपने रंग-बिरंगे अनुभव सुना बताते रहते थे कि शहर के तो जलवे ही निराले होते हैं। वहाँ तो लोग केला भी काँटे-छुरी से खाते हैं। दोस्त बताते कि वहाँ तो लड़कियाँ भी फिल्मी हिरोइनों की तरह रहती हैं। रणविजय जवान हो गया था, पर उसकी जवानी उसके दिल और दिमाग पर हावी नहीं हो पाई थी। आज भी उसका पहला प्यार और प्राथमिकता उसके माता-पिता, बचपन के संगी-साथी, पढ़ाई और उसका गाँव था।

गाँव के लोग उसे शहर से जुड़े अपने रंग-बिरंगे अनुभव सुना बताते रहते थे कि शहर के तो जलवे ही निराले होते हैं। वहाँ तो लोग केला भी काँटे-छुरी से खाते हैं। दोस्त बताते कि वहाँ तो लड़कियाँ भी फिल्मी हिरोइनों की तरह रहती हैं।

जब लोग उसे शहर के फायदे गिनाते तो वह उनसे पूछता कि क्या शहर में भी गाँव जैसे नदी-तालाब होते हैं?

क्या वहाँ भी जब मन चाहे पेड़ पर चढ़कर फल तोड़कर खा सकते हैं?

उसके इन मासूम सवालों के आगे सब निरुत्तर हो जाते। देखते-ही-देखते वह दिन भी आ ही गया, जब जागीर प्रताप सिंह ने उसे यह फरमान सुनाया कि आगे की पढ़ाई के लिए उसका दाखिला शहर के एक अच्छे कॉलेज में कराया जा रहा है। अगली सुबह निकलना तय हुआ है। वह अपनी तैयारी कर ले।

एकदम जाने की बात सुनकर रणविजय का दिल बैठ गया। वह पिता के इस फैसले का विरोध करना चाहता था, बहुत कुछ कहना चाहता था,

पर पिताजी के आगे कुछ कहने-सुनने की उसकी हिम्मत नहीं पड़ी। बेबस महसूस करता वह सीधे माँ के पास गया और किसी छोटे बच्चे की तरह उससे लिपटकर रोने लगा।

एकांत कमरे में माँ-बेटे की सिसकियाँ एक साथ सुनाई दे रही थीं। अपने हाथों से बेटे को खाना खिलाकर माँ उसका सिर अपनी गोद में लेकर घंटों सहलाती रहीं। पता नहीं, फिर यह मौका कब मिले ? माँ की प्यार भरी थपकियों के बीच रणविजय को पता ही नहीं चला कि वह कब गहरी नींद में चला गया।

एकांत कमरे में माँ-बेटे की सिसकियाँ एक साथ सुनाई दे रही थीं। अपने हाथों से बेटे को खाना खिलाकर माँ उसका सिर अपनी गोद में लेकर घंटों सहलाती रहीं। पता नहीं, फिर यह मौका कब मिले ? माँ की प्यार भरी थपकियों के बीच रणविजय को पता ही नहीं चला कि वह कब गहरी नींद में चला गया।

सुबह पिताजी की कड़क आवाज से उसकी नींद खुली। जागीर सिंह का कलेजा अपने बेटे की रो-रोकर लाल हुई आँखों को देखकर मुँह को आ रहा था, पर फिर उन्होंने अपने सीने पर पत्थर रखकर कुछ सख्ती से कहा, "आधे घंटे में तैयार हो जाओ, वरना शहर की बस छूट जाएगी।"

रणविजय भारी मन से उठा और तैयार होने चल दिया, जब वह तैयार होकर बाहर आया तो उसने देखा कि माँ रसोई में उसके लिए नाश्ता बना रही थीं। उन्होंने रास्ते के लिए रणविजय के पसंदीदा मेथी के पराँठे और आम का अचार भी पैक कर दिया था।

"माँ, इतने पराँठे किसके लिए ?" उसने माँ से पूछा।

माँ ने कहा, "ये अजवाइनवाले मेथी के पराँठे हैं, जल्दी से खराब नहीं होते। दो-तीन दिन तो चल ही जाएँगे। इसके अलावा आगे के लिए कुछ राशन भी रखवाया है, अभी गरम-गरम पराँठे खा ले, देर हो गई तो बाबूजी गुस्सा होंगे।"

घर से निकलते वक्त रणविजय माँ का चेहरा देखने की हिम्मत न जुटा सका। वह उनके पैर छूकर तीर की तरह बाहर निकल गया। रणविजय के पिता पहले से ही तैयार होकर बाहर बैठे थे। साइकिल पर अनाज की बोरी लादकर वे लोग बस निकलने ही वाले थे कि माँ ने आवाज लगाई कि बेटा, खाने की पोटली तो लेता जा।

रणविजय जानता था कि अगर उसने एक बार भी और माँ से नजरें मिलाईं तो आँसुओं का वह बाँध ढह जाएगा, जिसे उसने बड़ी मुश्किल से अपनी आँखों में रोककर रखा था। वह भारी मन से पीछे मुड़ा और नजरें झुकाए-झुकाए ही माँ के हाथ से खाने की पोटली ले ली, लेकिन माँ की आँखों से बरस रहे आँसू उससे वैसे ही नहीं छिप सके, जैसे उनके मन से निकल रहा आशीर्वाद।

घर से निकलते वक्त रणविजय माँ का चेहरा देखने की हिम्मत न जुटा सका। वह उनके पैर छूकर तीर की तरह बाहर निकल गया। रणविजय के पिता पहले से ही तैयार होकर बाहर बैठे थे। साइकिल पर अनाज की बोरी लादकर वे लोग बस निकलने ही वाले थे कि माँ ने आवाज लगाई कि बेटा, खाने की पोटली तो लेता जा।

रणविजय को याद नहीं आ रहा था कि उसने अपनी माँ को पहले कभी ऐसे रोते देखा हो। जागीर सिंह भी काफी भावुक हो चुके थे। उनका भी दिल कर रहा था कि एक बार अच्छे से बेटे के गले लगकर रो लें, पर जमींदारी ने उन्हें अपनी भावनाओं पर काबू रखना सिखा दिया था।

वे अच्छे से जानते थे कि अगर उनकी भी रुलाई फूट पड़ी तो रणविजय और उसकी माँ को सँभालना मुश्किल हो जाएगा। उन्होंने बमुश्किल खुद को सँभाला और सिर्फ इतना बोलकर आगे बढ़ गए, "देर हो रही है। थोड़ा जल्दी करो।"

रणविजय हाथ में माँ के दिए पराँठों की पोटली और दिल में गाँव की सोंधी यादें लिये उनके पीछे-पीछे चल पड़ा। घर से थोड़ा आगे पहुँचने पर गाँव के मुखिया नारायण चाचा और रिश्ते के एक ताऊजी भी उनके साथ हो लिये। उनकी पिताजी के साथ हो रही बातचीत को सुनकर रणविजय ने जाना कि ये लोग भी उनके साथ शहर जा रहे हैं, ताकि कॉलेज में उसके दाखिले में अगर कोई परेशानी आए तो पिताजी अकेले न पड़ जाएँ।

लगभग 12 किलोमीटर और पैदल चलने के बाद वे लोग बस अड्डे पहुँच गए। बस के आने में अभी समय था तो नारायण चाचा ने पास ही की पान की एक गुमटी से पान खाने की पेशकश की, हालाँकि रणविजय के पिता को पान खाने का कोई शौक नहीं था, पर नारायण चाचा के कहने पर वे मना नहीं कर पाए, वैसे भी गाँव-देहात में कुछ लोग पान पूछने पर मना कर देने पर वैसे ही बुरा मान जाते हैं, जैसे शहरी लोग चाय पूछने पर!

रणविजय सबकुछ बहुत ध्यान से देख रहा था। गाँव से थोड़ी बाहर बनी यह पान की गुमटी तक उसके लिए एक नई जगह थी। वह पहली बार गाँव से बाहर निकला था, इससे पहले उसकी पूरी दुनिया गाँव ही तो थी। उसका देश-विदेश सब गाँव के बरगद के पेड़ के नीचे ही था।

रणविजय सबकुछ बहुत ध्यान से देख रहा था। गाँव से थोड़ी बाहर बनी यह पान की गुमटी तक उसके लिए एक नई जगह थी। वह पहली बार गाँव से बाहर निकला था, इससे पहले उसकी पूरी दुनिया गाँव ही तो थी। उसका देश-विदेश सब गाँव के बरगद के पेड़ के नीचे ही था।

वह अपने खयालों में खोया था कि तभी नारायण चाचा ने पान का बीड़ा मुँह में डालते हुए रणविजय के पिता से कहा, "भइया, जब हम तुम्हारे साथ हैं तो रणविजय के दाखिले की चिंता छोड़ दो। हम सब देख लेंगे।"

आगे की यात्रा बस से करनी थी तो अब साइकिल को कहीं ठिकाने लगाना था, जब रणविजय के पिता ने नारायण चाचा से इसका जिक्र किया तो वे बोले, "बस इतनी सी बात!" और रणविजय के पिता से साइकिल लेकर उसी पान की दुकान पर लगा दी और साथ ही दुकानदार से यह अनुरोध भी कर लिया कि वह कुछ दिन साइकिल का पूरा ध्यान रखे, जिसके लिए दुकानदार भी सहर्ष तैयार हो गया, फिर नारायण चाचा बस स्टैंड की तरफ रुख करते हुए बोले, "चलिए, भइया! अब कोई दिक्कत नहीं होगी।"

नारायण चाचा को आगे जाता देख ताऊजी भी उनके पीछे हो लिये और रणविजय के पिता, जो कमर पर हाथ टिकाए खड़े थे, वह भी उनके पीछे चल पड़े, चलते समय वे अनाज की बोरी लेना नहीं भूले। रणविजय भी एक बच्चे की भाँति उन लोगों के पीछे हो लिया। कुछ ही देर में बस भी आ गई और वे सब चल पड़े एक नई मंजिल की ओर।

□

भाग-4

चार घंटे के सफर के बाद वे लोग शहर पहुँच गए। बस से नीचे उतरते ही ऑटो और टैक्सीवालों की भीड़ ने उन पर हमला बोल दिया। हर कोई उनका बैग छीनकर उन्हें अपनी गाड़ी में बैठाना चाहता था। हर कोई उन्हें सस्ता होटल दिलवाने का दावा कर रहा था। ये लोग इतने आक्रामक अंदाज में 'कहाँ चलेंगे' पूछ रहे थे कि ऐसा लग रहा था कि अगर नहीं बताया तो ये लोग इन्हें सीधे अगवा करके अपनी गाड़ी में ही बैठा लेंगे।

मगर इन सबको लगभग धकियाते हुए किसी अनुभवी खिलाड़ी की भाँति नारायण चाचा और रणविजय के पिता आगे निकल गए। ताऊजी और रणविजय उनके पीछे-पीछे चलने लगे। नारायण चाचा लगभग हर हफ्ते शहर आते थे और रणविजय के पिता भी 3-4 महीने में एक-आध बार किसी-न-किसी काम से शहर का चक्कर लगा ही लेते थे। लिहाजा उन्हें पता था कि इन ऑटो और टैक्सीवालों के झाँसे में नहीं आना है।

वे जानते थे कि शहर में कब, कहाँ, क्या और कैसे करना चाहिए। उन लोगों ने सीधे एक धर्मशाला में शरण ली, जो कॉलेज से ज्यादा दूर नहीं थी। धर्मशाला में रुकना फ्री था, सिर्फ खाने-पीने का खर्चा था।

खाना खाने के बाद रणविजय बिस्तर पर लेटकर कमरे की छत को देखने लगा। कुछ ही पलों में वह सफेद छत सिनेमा का परदा बन गई और उस परदे में गाँव और माँ के चलचित्र चलने लगे। वह अपने घर के बारे में सोचने लगा। घर से निकलते वक्त का माँ का रुआँसा चेहरा उसके सामने

आ गया। वह सोचने लगा कि पता नहीं माँ इस वक्त क्या कर रही होंगी! मैं तो फिर भी यहाँ पिताजी के साथ हूँ, मगर वे तो घर में बिल्कुल अकेली हैं। मेरे बारे में सोचकर अगर अब भी उनका मन भर आया तो उन्हें कौन चुप करवाएगा। इस खयाल ने रणविजय के मन को एकाएक भारी कर दिया। उसकी आँखें भीग गईं और दिल किया कि फौरन वहाँ से भागकर घर चला जाए। इसी बीच कब उसे गहरी नींद आ गई, खुद उसे पता नहीं चला।

सुबह लगभग 6 बजे नारायण चाचा ने उसे हिलाकर उठाया और कहा, “लल्ला, जल्दी तैयार हो जाओ, कॉलेज पहुँचना है दाखिले के लिए।” रणविजय तैयार होने के लिए उठा तो देखा कि उसके पिता जागीर सिंह पहले ही तैयार होकर सुबह की पूजा में तल्लीन थे। यह देखते ही रणविजय तेजी से तैयार होने चल दिया।

सुबह लगभग 6 बजे नारायण चाचा ने उसे हिलाकर उठाया और कहा, “लल्ला, जल्दी तैयार हो जाओ, कॉलेज पहुँचना है दाखिले के लिए।” रणविजय तैयार होने के लिए उठा तो देखा कि उसके पिता जागीर सिंह पहले ही तैयार होकर सुबह की पूजा में तल्लीन थे। यह देखते ही रणविजय तेजी से तैयार होने चल दिया।

सुबह के लगभग साढ़े आठ बज चुके थे, जब रणविजय अपने पिता, नारायण चाचा और ताऊजी के साथ अपने भविष्य की संभावनाएँ तलाशने कॉलेज के दरवाजे पर जा पहुँचा। कॉलेज में घुसते ही रणविजय शहरी बच्चों की आधुनिकता देख हैरान रह गया। गाँव में उसने किसी एक–आध बच्चे को ही कभी फुल पैंट पहने देखा था। अगर बच्चे ने फुल पैंट पहनी हो तो समझो या तो उस दिन शहर से उसका कोई रिश्तेदार आया है या फिर वह खुद शहर में अपने किसी रिश्तेदार के पास जा रहा है। कुल मिलाकर गाँव में बच्चों का फुल पैंट पहनना एक ‘आयोजन’ होता है, मगर उसने देखा कि कॉलेज में तो फुल पैंट का तांडव मचा था। बच्चों ने हाथों में घड़ियाँ पहन रखी हैं और कंधे पर दाईं तरफ अजीब सा बैग लटका है।

इससे पहले आज तक रणविजय अपनी स्कूल की कॉपी-किताबें कपड़े के झोले में ले जाया करता था, जो अपने आपमें गाँव का स्टेटस सिंबल हुआ करता था। फटी-फटी आँखों से यही सब देखता हुआ रणविजय प्रिंसिपल सर के कमरे के बाहर जा खड़ा हुआ और जैसा कि चाचा और उसके पिता के बीच तय हुआ था, नारायण चाचा पहले अकेले ही प्रिंसिपल सर के कमरे में दाखिल हुए और उनसे रणविजय के दाखिले की बातें करने लगे। बातें हालाँकि धीरे-धीरे हो रही थीं, फिर भी उसकी हलकी-हलकी आवाज बाहर तक आ रही थी।

रणविजय यह सुन रहा था कि कैसे नारायण चाचा प्रिंसिपल सर से उसके दाखिले का आग्रह कर रहे थे, लेकिन प्रिंसिपल सर बार-बार कोई न कोई बहाना बना रहे थे। रणविजय अपने स्कूल का टॉपर था, फिर भी प्रिंसिपल साहब उसे एडमिशन देने को तैयार क्यों नहीं थे, यह बात किसी को समझ नहीं आ रही थी। चूँकि प्रिंसिपल साहब एक ऐसे गाँव से थे (जिसकी सारी जानकारी नारायण चाचा ने आने से पहले ही इकट्ठी कर रखी थी), जिसके ग्राम प्रधान नारायण चाचा के लँगोटिया यार थे तो कोई रास्ता निकलता न देख हारकर नारायण चाचा ने अपने दोस्त से प्रिंसिपल साहब की फोन पर बात कराई। ग्राम प्रधान से बात करते ही प्रिंसिपल साहब का रवैया एकदम बदल गया। साफ लग रहा था कि अपने लँगोटिया यार से बात करके वे एकदम ढीले पड़ चुके थे। उनका लहजा भी एकदम से बदल गया था। इधर-उधर की कुछ बातें करने के बाद वे रणविजय के एडमिशन के लिए तैयार हो गए।

रणविजय यह सुन रहा था कि कैसे नारायण चाचा प्रिंसिपल सर से उसके दाखिले का आग्रह कर रहे थे, लेकिन प्रिंसिपल सर बार-बार कोई न कोई बहाना बना रहे थे। रणविजय अपने स्कूल का टॉपर था, फिर भी प्रिंसिपल साहब उसे एडमिशन देने को तैयार क्यों नहीं थे, यह बात किसी को समझ नहीं आ रही थी।

दाखिले की जरूरी कारवाई खत्म करके रणविजय के पिता नारायण चाचा और ताऊजी के साथ विजयी भाव से बाहर निकले, मानो उन्होंने कोई जंग जीत ली हो। धर्मशाला से लौटते हुए नारायण चाचा ने रणविजय के पिता से कहा, "भइया, शहर तो आ गए हैं, पर यहाँ के खर्चे बहुत हैं। गाँव की जमींदारी दूसरी बात है और यहाँ की जिंदगी और बात है!" इस पर रणविजय के पिता ने एक लंबी साँस लेते हुए कहा, "नारायण, बस एक बार बेटे की जिंदगी बन जाए, फिर चाहे खुद को भी बेचना पड़े, कोई फर्क नहीं पड़ता। एक बार यह अच्छे से पढ़-लिख जाए तो फिर हमें और इसकी माँ को और चाहिए भी क्या? इकलौता लड़का है, सब इसी से शुरू और इसी पर खत्म।" यही सब बातें करते-करते सब कब धर्मशाला वापस पहुँच गए, पता ही नहीं चला।

रणविजय और उसके ताऊजी को धर्मशाला छोड़कर नारायण चाचा और पिता यह कहते हुए दुबारा बाहर निकल गए कि हम लोग खाना लेकर और रणविजय के रहने के लिए कोई कमरा देखकर आते हैं।

जागीर सिंह और नारायण चाचा को गए काफी देर हो चुकी थी, पर अभी तक उनका कोई अता-पता नहीं था। रणविजय की भूख के मारे बुरी हालत थी, भूख तो ताऊजी को भी लगी थी, पर उन्होंने कुछ कहा नहीं और चुपचाप लेटे रहे। अचानक रणविजय को माँ के दिए पराँठे याद आए और उसने तुरंत पराँठों पर धावा बोल दिया।

जागीर सिंह और नारायण चाचा को गए काफी देर हो चुकी थी, पर अभी तक उनका कोई अता-पता नहीं था। रणविजय की भूख के मारे बुरी हालत थी, भूख तो ताऊजी को भी लगी थी, पर उन्होंने कुछ कहा नहीं और चुपचाप लेटे रहे। अचानक रणविजय को माँ के दिए पराँठे याद आए और उसने तुरंत पराँठों पर धावा बोल दिया।

उसने पहला पराँठा उठाया और औपचारिकतावश बगल में लेटे ताऊजी

से पूछा कि क्या आप भी पराँठा लेंगे? माँ ने साथ में दे दिए थे। आम का अचार भी है, जिसपर ताऊजी ने यह कहते हुए मना कर दिया कि नहीं बेटा, तुम खाओ। मैं तुम्हारे पिताजी और नारायण के साथ खाऊँगा। रणविजय को इतनी भूख लगी थी कि वह चाहता भी नहीं था कि वह पराँठे ताऊजी के साथ शेयर करे!

पराँठे के साथ जब उसने आम के अचार की पन्नी खोली तो पूरा कमरा महक उठा, फिर न जाने क्या हुआ कि ताऊजी, जो अब तक चुपचाप लेटे थे, वे भी उठ बैठे और कहने लगे कि लगता है कि तुम्हारे पिताजी को आने में देर होगी, वैसे तो मुझे भूख नहीं है, पर एक-आध पराँठा मैं भी खा ही लेता हूँ।

पराँठे के साथ जब उसने आम के अचार की पन्नी खोली तो पूरा कमरा महक उठा, फिर न जाने क्या हुआ कि ताऊजी, जो अब तक चुपचाप लेटे थे, वे भी उठ बैठे और कहने लगे कि लगता है कि तुम्हारे पिताजी को आने में देर होगी, वैसे तो मुझे भूख नहीं है, पर एक-आध पराँठा मैं भी खा ही लेता हूँ।

रणविजय भी समझ गया था कि अचार की महक से ताऊजी बहक गए हैं। उसने दिल पर पत्थर रखकर माँ के बनाए पराँठों की पोटली ताऊजी के सामने कर दी। शुरुआत तो एक-आध पराँठे से ही हुई, पर देखते-ही-देखते ताऊजी पराँठों पर ऐसा टूटे कि कुछ ही देर में चार-पाँच पराँठे उनके हाथों शहीद हो गए। बगल में धीरे-धीरे खा रहा रणविजय असहाय-सा होकर ताऊजी को ऐसे देख रहा था, जैसे किसी छोटे बच्चे की टॉफी कोई बड़ा बच्चा छीनकर खा गया हो। रणविजय सोचने लगा कि इन्हें भूख नहीं थी, तब इन्होंने आधा दर्जन पराँठों को अपनी भूख के घाट उतार दिया, अगर इन्हें भूख होती, तब तो ये मुझे भी अचार लगाकर खा सकते थे।

रात के करीब आठ बजे नारायण चाचा रणविजय के पिता के साथ कमरे

में दाखिल हुए और खाना रखते हुए रणविजय से बोले कि बेटा, खाना जल्दी लगा लो। हम लोग हाथ-पैर धोकर आते हैं। थोड़ी देर बाद वे चारों एक साथ बैठे खाना खा रहे थे। खाने के दौरान नारायण चाचा ने रणविजय को बताया कि उसके पिता ने कॉलेज से कुछ ही दूरी पर कमरा किराए पर लिया है, जहाँ कल ही रणविजय को शिफ्ट करके बाकी लोग वापस गाँव चले जाएँगे और परसों से रणविजय कॉलेज जा सकेगा।

अगली सुबह रणविजय ने सभी के साथ उस धर्मशाला से विदा ली और अपने सही ठिकाने पर पहुँच गया। किराए का यह कमरा कुछ ज्यादा ही छोटा था। गाँव में तो उसके घर का दालान भी उससे बड़ा था। सामान वगैरह रखने के बाद नारायण चाचा रणविजय को अपने साथ ले जाकर पास के बाजार से उसकी जरूरत का सामान, कॉलेज की ड्रेस और पढ़ाई का अन्य सामान दिला लाए।

अगली सुबह रणविजय ने सभी के साथ उस धर्मशाला से विदा ली और अपने सही ठिकाने पर पहुँच गया। किराए का यह कमरा कुछ ज्यादा ही छोटा था। गाँव में तो उसके घर का दालान भी उससे बड़ा था। सामान वगैरह रखने के बाद नारायण चाचा रणविजय को अपने साथ ले जाकर पास के बाजार से उसकी जरूरत का सामान, कॉलेज की ड्रेस और पढ़ाई का अन्य सामान दिला लाए।

बाजार से लौटने पर रणविजय ने देखा कि उसके पिता और ताऊजी गाँव वापसी के लिए एकदम तैयार हैं। रणविजय के कमरे में पहुँचते ही उसके पिता ने उसके हाथ में ढाई हजार रुपए रखे और अच्छे से पढ़ाई करने की ताकीद करते हुए उठ खड़े हुए। उनकी आँखें देखकर कोई भी बता सकता था कि वे रणविजय को शहर में अकेला छोड़कर नहीं जाना चाहते थे, पर उन्हें जाना ही पड़ा और न चाहते हुए भी रणविजय को वहाँ अकेले रुकना पड़ा।

पिताजी के जाने के बाद रणविजय का मन इतना उदास था कि उसने

कुछ खाया-पिया तक नहीं और ऐसे ही सो गया। सुबह से कब दोपहर और दोपहर से कब रात हो गई, रणविजय को पता ही नहीं चला। बीच-बीच में जब भी रणविजय की नींद खुली तो घर की यादों ने उसके मन को और उदास कर दिया। वह किसी से लिपटककर रोना चाहता था, मगर रात के उस पहर में उसकी तनहाई के अलावा उस कमरे में और कोई नहीं था और उसी तनहाई को गले लगाए वह भारी मन के साथ सो गया।

अगले दिन कॉलेज का पहला दिन था। रात की घबराहट अब भी जेहन में ताजा थी। रणविजय मन-ही-मन सोच रहा था कि जैसे-तैसे कॉलेज की डिग्री पूरी हो जाए तो वह फिर से गाँव चला जाएगा। शहर की नई जिंदगी की संभावनाओं के बजाय उसका मन अब भी गाँव की सुनहरी यादों में अटका हुआ था।

अगले दिन कॉलेज का पहला दिन था। रात की घबराहट अब भी जेहन में ताजा थी। रणविजय मन-ही-मन सोच रहा था कि जैसे-तैसे कॉलेज की डिग्री पूरी हो जाए तो वह फिर से गाँव चला जाएगा। शहर की नई जिंदगी की संभावनाओं के बजाय उसका मन अब भी गाँव की सुनहरी यादों में अटका हुआ था।

यही सब सोचते-सोचते और अपने मन को नए परिवेश के लिए तैयार करते वह कॉलेज पहुँच गया। पढ़ना-लिखना उसके लिए कभी चुनौती नहीं था। चुनौती था, वह माहौल, जो उसके लिए पूरी तरह नया था, मगर रणविजय ने जल्द ही ठान लिया कि वह उस माहौल को खुद पर हावी नहीं होने देगा। वह दूसरे बच्चों के पहनावे, उनकी शहरी चाल-ढाल से अपनी तुलना करके खुद के ऊपर गैर-जरूरी दबाव नहीं बनाएगा। इसके बजाय वह उन चीजों पर फोकस करेगा, जो उसकी ताकत थीं। जो उसकी यू.एस.पी. थीं और वह ताकत थी रणविजय का फोकस। कुछ भी नया सीखने की उसकी ललक। घंटों तक अध्ययन करने की उसकी विलक्षण क्षमता।

घंटों तक अध्ययन करने की अपनी इसी विलक्षण क्षमता और किसी से तुलना कर आत्मविश्वास न डिगाने के रणविजय के प्रण ने जल्द ही उसे कॉलेज में भी टॉपर बना दिया।

देखते-ही-देखते वह बहुत से छात्रों का रोल मॉडल बन गया, अब वह हर शिक्षक का चहेता और कॉलेज की शान भी था।

शुरुआत में जब वह गाँव जाता तो वापस आने पर कई दिनों तक उसका मन नहीं लगता था, मगर कॉलेज में बने नए दोस्तों की वजह से धीरे-धीरे शहर का अजनबीपन जाता रहा। यहाँ की दरो-दीवारें भी उसे अब उतना ही सुकून देती थीं, जितना गाँव का घर-आँगन।

शुरुआत में जब वह गाँव जाता तो वापस आने पर कई दिनों तक उसका मन नहीं लगता था, मगर कॉलेज में बने नए दोस्तों की वजह से धीरे-धीरे शहर का अजनबीपन जाता रहा। यहाँ की दरो-दीवारें भी उसे अब उतना ही सुकून देती थीं, जितना गाँव का घर-आँगन।

शहर आने के बाद रणविजय फिर पूरी शिद्दत के साथ पढ़ाई में लग गया। वह हर हाल में कॉलेज टॉप करना चाहता था, अब तक उसकी छवि ऐसी बन चुकी थी कि उसके कमरे में नोट्स लेनेवाले लड़कों का ताँता लगा रहता था। छात्रों में उसकी लोकप्रियता ऐसी थी कि कोई भी उससे ईर्ष्या कर सकता था, मगर रणविजय ने कभी इसका घमंड नहीं किया। उसके लिए यह सब बड़ा सामान्य था। गाँव में भी उसके सहपाठी उससे पढ़ाई में मदद माँगने आया करते थे। इस तरह से दूसरे छात्रों की मदद करना हमेशा से उसके स्वभाव का हिस्सा रहा था।

एक दिन उसकी क्लास चल रही थी कि तभी एक चपरासी कक्षा में दाखिल हुआ और कक्षा में पढ़ा रहे शिक्षक से बोला कि रणविजय को प्रिंसिपल सर ने बुलाया है। टीचर से परमिशन लेकर रणविजय पूरी फुरती से प्रिंसिपल सर के कमरे की ओर चल पड़ा। प्रिंसिपल सर ने रणविजय को

अंदर आने के लिए कहते हुए सामने रखी कुरसी पर बैठ जाने का इशारा किया और पूछने लगे, "रणविजय, मैंने तुम्हारा पिछला सारा स्टडी रिकॉर्ड देखा है और मेरी नजर में तुम एक अच्छे स्टूडेंट हो। फ्यूचर के बारे में क्या सोचा है?"

रणविजय इस सवाल के लिए तैयार नहीं था, लिहाजा उसने सीधे कह दिया, "अभी तो कुछ भी नहीं सोचा है, सर!"

रणविजय जैसे प्रतिभासंपन्न और मेहनती लड़के से ऐसा जवाब सुनकर प्रिंसिपल साहब भी थोड़ा हैरान हो गए। उन्होंने लगभग नसीहती अंदाज में कहा, "यही समय है कि भविष्य में क्या करना चाहते हो, उसका निर्णय ले लो वरना कॅरियर चुनाव का सही समय हाथ से फिसल जाएगा।"

प्रिंसिपल साहब कहते जा रहे थे और वह सुनता जा रहा था, "तुम सिविल सर्विसेज की तैयारी क्यों नहीं करते? अगर तुम अभी से तैयारी शुरू कर दो तो तुम्हारा बेस काफी मजबूत रहेगा और सिविल क्लियर करने में तुम्हें ज्यादा दिक्कत नहीं आएगी। इस परीक्षा को पास करने के बाद तुम आई.ए.एस. या आई.पी.एस. जैसे बड़े अधिकारी बन पाओगे और अपने माता-पिता का नाम भी रोशन कर पाओगे।"

तुम सिविल सर्विसेज की तैयारी क्यों नहीं करते? अगर तुम अभी से तैयारी शुरू कर दो तो तुम्हारा बेस काफी मजबूत रहेगा और सिविल क्लियर करने में तुम्हें ज्यादा दिक्कत नहीं आएगी। इस परीक्षा को पास करने के बाद तुम आई.ए.एस. या आई.पी.एस. जैसे बड़े अधिकारी बन पाओगे और अपने माता-पिता का नाम भी रोशन कर पाओगे।

जैसे-जैसे प्रिंसिपल सर बोलते जा रहे थे, रणविजय को लग रहा था कि ऐसा ही कुछ तो वह अपने माता-पिता के लिए करना चाहता था।

प्रिंसिपल सर ने रणविजय की आँखें खोल दी थीं। उस शाम रणविजय

घर लौटा तो प्रिंसिपल साहब के दिखाए सपनों में ही खोया हुआ था। वह खुद के आई.ए.एस., आई.पी.एस. बनने के सपने देखने लगा। वह अपने माँ-बाप की खुशी महसूस करने लगा। वह देख रहा था कि उसके बड़ा अफसर बनने के बाद कैसे उसके पिताजी की इज्जत गाँव में एकाएक और बढ़ गई है। उसकी माँ उसकी बलाएँ लेती नहीं थक रहीं। वह इन बातों के बारे में जितना ज्यादा सोच रहा था, उसके मन में कुछ बड़ा करने की ललक उतनी ही बढ़ती जा रही थी।

□

भाग-5

सिविल सर्विसेज के बारे में काफी जानकारी इकट्ठी करने के बाद रणविजय यह तय कर चुका था कि उसे आई.ए.एस. ऑफिसर बनना था और इसके लिए, वह बारहवीं की तैयारी के साथ-साथ सिविल सर्विसेज से संबंधित दूसरी चीजें भी पढ़ने लगा। पिता जागीर सिंह ने उससे साफ-साफ कह रखा था कि बेटे, पैसे की चिंता मत करना। तुम बस मन लगाकर पढ़ना। लिहाजा उसे जो भी पुस्तक जरूरी लगती थी, वह खरीद लेता था।

टाइम-टाइम पर गाँव से पैसा आ जाया करता था। उसे कभी इस बात की भनक भी नहीं लगी कि कब अनाज बिकने के बाद फसल बिकी और कब फसल बिकते-बिकते जमीन बिक गई।

चूँकि रणविजय के पिता गाँव के बड़े जमींदारों में से थे और ऐसी कई जमीनें उनके पास थीं, इसलिए एक-आध जमीन बिकने से उन्हें कोई खास फर्क भी नहीं पड़ा और सबकुछ ठीक-ठाक चलता रहा।

रणविजय बारहवीं की परीक्षा दे चुका था। नतीजे आ चुके थे और इस बार भी वह अपने स्कूल में अव्वल रहा था। प्रिंसिपल साहब ने उसे एक बार फिर अपने पास बुलाया और कहा कि वे उसे जल्द ही एक आई.ए.एस. अफसर के रूप में देखना चाहते हैं। रणविजय ने प्रिंसिपल सर के पैर छू लिये, जिस पर प्रिंसिपल सर ने उसे गले लगा लिया। इस बार छुट्टियों में रणविजय अपने गाँव नहीं गया, बल्कि शहर में ही रहकर यूनिवर्सिटी में दाखिले के लिए कोशिश करने लगा।

वह एक होनहार छात्र था, इसलिए उसे प्रवेश परीक्षा पास कर दाखिला पाने में कोई दिक्कत नहीं आई, पर उस छोटे-से कमरे में अब और रहना मुश्किल हो रहा था। इसलिए उसने नया कमरा ले लिया था। बढ़ते खर्चों ने कब गाँव की दूसरी जमीन भी बिकवा दी, उसे भनक तक नहीं लगी।

पढ़ाई चलती रही। वह अव्वल आता रहा। यूनिवर्सिटी में भी उसका सिक्का जमने लगा था। सिविल सर्विसेज की तैयारी भी साथ-साथ चल रही थी। उसे पूरा भरोसा था कि उसकी मेहनत जरूर रंग लाएगी, तभी एक दिन यूनिवर्सिटी में अंग्रेजी विभागाध्यक्ष ने उसे बुलाया और समझाया कि वैसे तो उसकी इंग्लिश ठीक है, पर अगर वह थोड़ा ध्यान स्पीकिंग स्किल्स पर भी दे तो उसका रास्ता और भी आसान हो जाएगा। उन्होंने रणविजय को यह भी बताया कि सिविल सर्विसेज की तैयारी के लिए कोचिंग की जरूरत पड़ती है। इसके सबसे अच्छे कोचिंग इंस्टिट्यूट दिल्ली में हैं।

पढ़ाई चलती रही। वह अव्वल आता रहा। यूनिवर्सिटी में भी उसका सिक्का जमने लगा था। सिविल सर्विसेज की तैयारी भी साथ-साथ चल रही थी। उसे पूरा भरोसा था कि उसकी मेहनत जरूर रंग लाएगी, तभी एक दिन यूनिवर्सिटी में अंग्रेजी विभागाध्यक्ष ने उसे बुलाया और समझाया कि वैसे तो उसकी इंग्लिश ठीक है''

कुछ दिन बाद रणविजय का घर जाना हुआ तो उसने यह बात अपने पिता जागीर सिंह को बताई। वे अपने बेटे के सुनहरे भविष्य को लेकर कोई समझौता नहीं करना चाहते थे, सो उन्होंने बिना वक्त गँवाए रणविजय को दिल्ली भेजने का फैसला कर लिया। दिन बीतने लगे और रणविजय बेसब्री से बी.ए. कंप्लीट होने का इंतजार करने लगा। तीन साल के कड़े इंतजार के बाद वह दिन भी आ ही गया, जब अपने माँ-पिता का आशीर्वाद लेकर उसने दिल्ली की ट्रेन पकड़ ली।

दुनिया के लिए यह ट्रेन एक शहर की तरफ जा रही थी, लेकिन रणविजय के लिए यह उसे उसकी मंजिल की ओर ले जा रही थी। एक ऐसी मंजिल जिसके लिए उसने अपने दिन-रात एक कर रखे थे।

पटरियों पर भागती ट्रेन मानो उसे एहसास दिला रही थी कि वह भी तेजी से अपने सपनों की ओर बढ़ रहा है। वह कल्पना करने लगा कि वह एक आई.ए.एस. अधिकारी बन चुका है। कैसे चारों तरफ सिर्फ उसी के नाम के चर्चे हैं। कोई उसे खाने पर बुला रहा है तो कोई उससे अपनी सिफारिश लगवा रहा है। हर कोई किसी-न-किसी बहाने से उससे अपना नाम जोड़ना चाह रहा है। यही सब सोचते-सोचते उसे नींद आ गई।

पटरियों पर भागती ट्रेन मानो उसे एहसास दिला रही थी कि वह भी तेजी से अपने सपनों की ओर बढ़ रहा है। वह कल्पना करने लगा कि वह एक आई.ए.एस. अधिकारी बन चुका है। कैसे चारों तरफ सिर्फ उसी के नाम के चर्चे हैं। कोई उसे खाने पर बुला रहा है तो कोई उससे अपनी सिफारिश लगवा रहा है।

सुबह कुली की आवाज से उसकी नींद टूटी। डिब्बा खाली हो रहा था।

"बाबूजी, दिल्ली आ गया। सामान क्या-क्या है ? बाहर पहुँचा दूँ?"

कुली से इतना सुनते ही रणविजय चौंककर उठ खड़ा हुआ और खुद ही अपना सामान लेकर नई दिल्ली रेलवे स्टेशन के प्लेटफॉर्म नंबर एक पर उतर गया। सुबह-सुबह का टाइम था। स्टेशन पर काफी भीड़ थी। इतने सारे लोग एक साथ उसने गाँव के मेले में भी नहीं देखे थे। हालत यह थी कि इनसान खुजाने भी लगे तो किसी और के कान में उँगली मार दे। इतनी भीड़ रणविजय में दहशत पैदा कर रही थी। उसे शक हो रहा था कि वह एक पीस में बाहर निकल भी पाएगा या नहीं!

बहरहाल, सारी भीड़ को चीरते हुए रणविजय स्टेशन से बाहर निकल सड़क पर आ गया। उसने अपना सामान और अपनी हड्डियाँ चेक कीं। स्टेशन

से जिंदा बाहर लौट आने पर उसे खुशी महसूस हो रही थी। उसे मुखर्जी नगर जाना था, मगर वहाँ जाने से पहले उसने यहीं किसी जगह रुककर नहा-धो लेना ठीक समझा। उसे कुछ ही दूर पर दाएँ हाथ की तरफ एक होटल दिखाई दिया। थोड़ी मिन्नतों के बाद उसे दो हजार रुपएवाला कमरा दो घंटे के लिए मात्र पाँच सौ रुपए में मिल गया। कुछ ही देर में वह नहा-धोकर तरोताजा महसूस कर रहा था। सफर की थकान भी काफी हद तक कम हो गई थी। तैयार होकर बाहर निकलते समय उसने होटलवाले को फिर से शुक्रिया कहा और मुखर्जी नगर का रास्ता पूछा।

लोगों से पूछते-पूछते रणविजय मुखर्जी नगर की बस में सवार हो गया, बस से उतरने के बाद उसने अपने पिता की सलाह के मुताबिक सबसे पहले एक सस्ते और साफ-सुथरे कमरे की तलाश शुरू कर दी। निःसंदेह, रणविजय सिंह संस्कारी होने के साथ ही एक मोहक व्यक्तित्व का स्वामी भी था''

कहा जाता है कि दिल्ली का मुखर्जी नगर सिविल सर्विसेज की तैयारी का गढ़ है। यहाँ कई आई.ए.एस.कोचिंग इंस्टिट्यूट तो हैं ही, साथ ही तैयारी से जुड़ी हर सामग्री यहाँ आसानी से उपलब्ध हो जाती है।

लोगों से पूछते-पूछते रणविजय मुखर्जी नगर की बस में सवार हो गया, बस से उतरने के बाद उसने अपने पिता की सलाह के मुताबिक सबसे पहले एक सस्ते और साफ-सुथरे कमरे की तलाश शुरू कर दी। निःसंदेह, रणविजय सिंह संस्कारी होने के साथ ही एक मोहक व्यक्तित्व का स्वामी भी था, पर बिना सिफारिश के मुखर्जी नगर के मकान मालिक एक अजनबी को कमरा देने में कुछ झिझक से रहे थे। काफी जद्दोजहद के बाद आखिरकार एक मकान मिल ही गया।

मकान मालकिन एक अधेड़ उम्र की महिला थीं। रणविजय से मिलकर उन्हें अपनापन महसूस हुआ और थोड़ी पूछताछ के बाद उन्होंने सात हजार

रुपए प्रति महीना किराए पर कमरा देने के लिए हामी भर दी। जरूरी कागजी काररवाई पूरी करने के बाद रणविजय अगले ही दिन उस घर में अपने सामान के साथ शिफ्ट हो गया था। सामान भी क्या था? सिर्फ एक सूटकेस जिसमें गिनती के चार-पाँच जोड़ी कपड़े और कंधे पर एक बड़ा बैग जिसमें जरूरत की पुस्तकें थीं तो उसे इस अजनबी शहर में बसेरा खोजने में ज्यादा दिक्कत आई नहीं। रणविजय की मकान मालकिन, जो पेशे से होम ट्यूशन देती थीं, उस पूरे घर में अकेली ही रहती थीं। उनके पति की कुछ साल पहले रोड एक्सीडेंट में मृत्यु हो गई थी, एक बेटा था, जो मुंबई में जॉब करता था और शादी के बाद वहीं बस गया था।

ऐसा नहीं था कि वह अपनी माँ से मिलने दिल्ली नहीं आता था, आता था, लेकिन यह देखने कि वह कब स्वर्ग सिधारें और वह घर बेचकर सारा पैसा हड़प ले। वह साल-दो साल में दिल्ली का एक चक्कर लगा ही लेता था। कहीं-न-कहीं यह बात शायद उसकी माँ भी समझती थीं, फिर भी उनकी ममता उन्हें इस बारे में ज्यादा सोचने नहीं देती थी। अपनी महीने भर की कमाई, चाहे वह किराए से हो या ट्यूशन से, उसमें से कुछ जरूरत का पैसा रखकर वह अपने बेटे के खाते में जमा करा दिया करती थीं कि न जाने कब, कहाँ और कैसे उसके बेटे को कौन सी जरूरत पड़ जाए।

ऐसा नहीं था कि वह अपनी माँ से मिलने दिल्ली नहीं आता था, आता था, लेकिन यह देखने कि वह कब स्वर्ग सिधारें और वह घर बेचकर सारा पैसा हड़प ले। वह साल-दो साल में दिल्ली का एक चक्कर लगा ही लेता था। कहीं-न-कहीं यह बात शायद उसकी माँ भी समझती थीं, फिर भी उनकी ममता उन्हें इस बारे में ज्यादा सोचने नहीं देती थी।

महिला ने जब पहली नजर रणविजय को देखा था तो न जाने क्यों उस पर उनकी ममता उमड़ आई थी। किराएदार होने के बावजूद वे दिन में एक बार का खाना तो रणविजय के कमरे में खुद दे आती थीं। कई दिन तक जब

ऐसे ही चलता रहा तो एक दिन दोपहर के भोजन के समय रणविजय बोल ही पड़ा, "आंटी, आप क्यों रोज-रोज परेशान होती हैं? आज से मैं अपने खाने का कुछ और इंतजाम कर लूँगा"

"क्या इंतजाम कर लेगा?" आंटी ने पूछा।

इस पर रणविजय थोड़ा असहज होते हुए बोला, "जब तक यहाँ बनाने का इंतजाम नहीं होता, तब तक बाहर से ही खा लूँगा।"

"क्यों? मेरे हाथ का खाना अच्छा नहीं लगता क्या?" रणविजय की बात बीच में ही काटते हुए आंटी ने पूछा।

इस पर रणविजय अपनी झेंप छुपाते हुए सिर्फ इतना ही कह पाया, "नहीं, ऐसी बात नहीं है। मैं तो बस यह कह रहा था कि..."

"बस अब बेकार की बात बंद करो और चुपचाप खाना खा लो। तुम मेरे बेटे जैसे हो। बेटा तो अब यहाँ रहता नहीं, इसलिए जब भी तुम्हारे लिए खाना बनाती हूँ तो लगता है अपने हाथ से बेटे को ही खिला रही हूँ," आंटी की इस बात ने रणविजय को निःशब्द कर दिया, उसने इस विषय पर आगे और कुछ न कहना ही बेहतर समझा।

"बस अब बेकार की बात बंद करो और चुपचाप खाना खा लो। तुम मेरे बेटे जैसे हो। बेटा तो अब यहाँ रहता नहीं, इसलिए जब भी तुम्हारे लिए खाना बनाती हूँ तो लगता है अपने हाथ से बेटे को ही खिला रही हूँ," आंटी की इस बात ने रणविजय को निःशब्द कर दिया, उसने इस विषय पर आगे और कुछ न कहना ही बेहतर समझा।

आज रणविजय को दिल्ली आए पूरे पाँच दिन हो गए थे, पर उसे समझ नहीं आ रहा था कि शुरुआत कहाँ से करे। उसका दिमाग कुंद-सा हो रहा था। कमरे में बैठे-बैठे सिर भन्ना रहा था। उसने सोचा क्यों न बाहर जाकर इस जगह का एक चक्कर ही लगा लिया जाए। वह मुखर्जी नगर की गलियों में भटक रहा था। घूमते-घूमते वह एक गली में जा पहुँचा, जहाँ एक के बाद एक

पुस्तकों की कई दुकानें थीं, जिन पर हर तरह की कॉम्पिटिशन की तैयारियों की पुस्तकें उपलब्ध थीं। किसी ने दुकान के आगे 20 प्रतिशत डिस्काउंट का बोर्ड लगाया हुआ था तो किसी ने 30 प्रतिशत या 40 प्रतिशत तक डिस्काउंट की तख्ती टाँग रखी थी। उसने इन दुकानों के बाहर खड़े अपनी ही तरह के कुछ स्टूडेंट्स से बात की। उनसे पूछा कि वे सिविल की तैयारी कैसे कर रहे हैं? उस जैसे नए प्रतियोगी के लिए कहाँ से शुरुआत करना ठीक रहेगा? ऐसे दो-चार लड़कों से बात करने के बाद रणविजय को कुछ-कुछ चीजें समझ आने लगीं। कुछ दुकानों में भटकने के बाद उसे थोड़ा-थोड़ा समझ में आने लगा था कि इस मैदान में खेल की शुरुआत कैसे करनी है।

लिहाजा उसने सबसे पहले पिछले दस सालों के सिविल सर्विसेज के अन्सॉल्व्ड पेपर ले लिये और दुकानदारों से ही आसपास की कुछ अच्छी कोचिंग क्लासेज के बारे में भी जानकारी ली। उनसे बातें करके उसे यह भी समझ में आ चुका था कि अच्छे कोचिंग सेंटर्स की फीस भी अच्छी-खासी थी।

लिहाजा उसने सबसे पहले पिछले दस सालों के सिविल सर्विसेज के अन्सॉल्व्ड पेपर ले लिये और दुकानदारों से ही आसपास की कुछ अच्छी कोचिंग क्लासेज के बारे में भी जानकारी ली। उनसे बातें करके उसे यह भी समझ में आ चुका था कि अच्छे कोचिंग सेंटर्स की फीस भी अच्छी-खासी थी। उसे यह सोचकर थोड़ी चिंता होने लगी कि उसकी पढ़ाई के लिए जाने उसके पिता को अभी और क्या-क्या करना पड़ेगा। गाँव में जमींदारी से जिंदगी चाहे जितनी भी आसान हो, पर शहर में उतनी कमाई से कुछ नहीं होता।

रणविजय अब इस हकीकत को कहीं-न-कहीं समझने लगा था, पर उसे पूरा विश्वास था कि वह आई.ए.एस. अफसर जरूर बनेगा और ऐसा होते ही उसके माता-पिता के सारे संघर्ष खत्म हो जाएँगे। उसके पिता ने उसे लेकर जो सपना देखा है, उसे वह जरूर पूरा करेगा। यह सब सोचते-सोचते

वह घर पहुँच गया। आंटी बाहर ही खड़ी थीं। उसे देखते ही बोलीं, "बड़ी देर लगा दी। कहाँ रह गए थे ? बताकर भी नहीं गए।"

रणविजय को उसके देर से आने पर आंटी का इस तरह से सवाल करना अच्छा नहीं लगा। लिहाजा वह कुछ तल्खी से आंटी को जवाब देकर एकदम वहाँ से चला गया। आंटी को रणविजय से ऐसे रूखेपन की उम्मीद नहीं थी, पर उस वक्त उन्होंने इस बात को नजरअंदाज करना ही ठीक समझा। कमरे में पहुँचकर कपड़े बदलने तक रणविजय को भी इस बात का अहसास हो गया था कि उससे गलती हो गई है। उसने मन-ही-मन सोचा कि आंटी को बेवजह रोक-टोक नहीं करनी चाहिए, पर वे उसकी चिंता करती हैं, शायद इसलिए उन्होंने ऐसा पूछा।

अगली सुबह उसने आंटी से मिलते ही सबसे पहले पिछली रात की गलती के लिए माफी माँगी और फिर यह कहते हुए उनके पैर छू लिये कि आज शुभ काम से बाहर जा रहा हूँ, आशीर्वाद दीजिए कि सब अच्छा हो। आंटी ने मुसकराते हुए जवाब दिया कि भगवान् सब अच्छा करेगा।

अगली सुबह उसने आंटी से मिलते ही सबसे पहले पिछली रात की गलती के लिए माफी माँगी और फिर यह कहते हुए उनके पैर छू लिये कि आज शुभ काम से बाहर जा रहा हूँ, आशीर्वाद दीजिए कि सब अच्छा हो। आंटी ने मुसकराते हुए जवाब दिया कि भगवान् सब अच्छा करेगा।

रणविजय हलका महसूस कर रहा था। उसने अपनी भूल को सुधार लिया था। उसकी अगली चुनौती एक अच्छा कोचिंग सेंटर तलाशना थी। काफी जद्दोजहद और कई कोचिंग संस्थानों को खँगालने के बाद अंतत: उसे एक जगह पसंद आई, जिसकी फीस वैसे तो काफी थी, पर उन लोगों ने रणविजय को यह विश्वास दिला दिया था कि धरती पर सिर्फ यही एक अनूठा कोचिंग इंस्टिट्यूट है, जहाँ से वह अपनी मंजिल पा सकेगा। रणविजय

एक सीधा-सादा नौजवान था, जिसकी जिंदगी अब तक सिर्फ पढ़ाई तक ही सीमित रही थी। इसलिए कोचिंग सेंटर्स की ये सब चालबाजियाँ उसकी समझ से परे थीं। उसने तुरंत पिता को फोन मिलाया और फीस के पैसे भेजने के बारे में बात की, अब उसे अपनी मंजिल और भी नजदीक नजर आ रही थी। कोचिंग की इतनी बड़ी फीस सुनकर जागीर सिंह को झटका तो लगा, मगर उन्होंने फोन पर इसे जाहिर नहीं होने दिया।

इस बीच फसल खराब होने पर रणविजय के पिता पर कर्ज बढ़ गया था, जिसके चलते उनकी माली हालत पहले जैसी नहीं रह गई थी, मगर उन्होंने अपनी आर्थिक तंगी का अंदाजा रणविजय को नहीं होने दिया, सिर्फ इसी आस पर वे मुश्किल दिन काट रहे थे कि रणविजय मन लगाकर पढ़ाई पूरी कर लेगा और जल्द ही कुछ बनकर अपने परिवार और गाँव का नाम रोशन करेगा। रणविजय ने जब, जहाँ, जिस भी चीज की जरूरत जाहिर की, जागीर सिंह ने उसे तुरंत पूरा किया। वह कहते हैं न, 'मैंने अपने पिता से अमीर इनसान नहीं देखा, जेब खाली होने पर भी किसी चीज के लिए मना करते नहीं देखा।'

यह अलग बात थी कि इस बार कोचिंग की फीस इतनी ज्यादा थी कि जागीर सिंह को अपनी सारी जमीन बेचने के बाद भी फीस के पैसे कम पड़नेवाले थे। इसलिए उन्होंने सिर्फ एक जमीन रखकर बाकी सारी जमीनें बेच दीं और बचे हुए पैसे के लिए बाजार से ब्याज पर कर्ज ले लिया और सारा पैसा ज्यों-का-त्यों रणविजय को भेज दिया। इधर अपने पिता की माली हालत से बेखबर रणविजय दिन-रात इसी इंतजार में था कि घर से पैसे आएँ और वह कोचिंग में एडमिशन ले पाए।

□

भाग-6

रणविजय सिंह की आपबीती सुनते-सुनते कब सुबह से दोपहर हुई और दोपहर से शाम, मुझे पता ही नहीं चला। उसने जो कुछ भी बताया था, वह सब तो ठीक था, पर मैं यह जानने के लिए ज्यादा उत्सुक था कि वह इस जेल में क्या कर रहा है। मैं उसकी बात काटकर उससे सीधे पूछना चाहता था कि वह जेल में क्या कर रहा है, पर न जाने क्यों मैं उसे टोक नहीं पा रहा था या शायद ऐसा करना ही नहीं चाहता था। शाम के पाँच बज चुके थे। मिलने का समय खत्म हो चुका था, अब मैं वहाँ और नहीं रुक सकता था। मैंने रणविजय से अगली सुबह ठीक नौ बजे जेल चक्कर पर आने को कहा और अपनी टीम से चलने का इशारा करते हुए भारी कदमों से बाहर आ गया। यह बात और है कि रणविजय की पूरी कहानी जाने बिना मेरा मन बाहर निकलने को नहीं मान रहा था, पर जेल के नियमों के विरुद्ध जाना असंभव है और फिर इसी पेशे से जुड़े होने के कारण मेरे लिए तो उनका उल्लंघन पाप था। माइक पर एक बार फिर उद्घोषणा हो रही थी, "सभी बंदी भाई ध्यान दें, प्रार्थना का समय हो गया है। सभी लोग प्रार्थना के लिए एकत्र हों।"

मैं वापस जेल के उसी बाहरी हिस्से में पहुँच चुका था, जहाँ सुबह मुझे असिस्टेंट सुपरिंटेंडेंट साहब मिले थे। मुझे देखते ही वह तेज कदमों से मेरे पास आए। उनके पीछे-पीछे जेलर साहब भी थे। मुझे देखते ही उन्होंने नमस्कार किया और कहने लगे, "सर, मैं आपसे सुबह मिलने चक्कर पर आया था, पर आप इतने व्यस्त थे कि मैं आपको डिस्टर्ब नहीं कर पाया,

बल्कि जब हमारे स्टाफ ने आपसे लंच करने के लिए कहा और आपने जवाब नहीं दिया तो आपकी टीम ने ही हमें बताया कि जब आप व्यस्त होते हैं तो डिस्टर्ब होना पसंद नहीं करते, अब आप फ्री हो गए हैं तो कुछ जलपान कर लीजिए। आपने सुबह से कुछ भी नहीं खाया है।"

जेलर साहब की बात सुनकर मुझे एहसास हुआ कि वाकई आज मैंने सुबह की चाय के बाद से कुछ भी नहीं खाया है। रणविजय की आपबीती में मैं इतना खो गया था कि मुझे खाने का ध्यान ही नहीं रहा था। "आज काफी देर हो गई है और बंदियों से बात करके लग रहा है कि अभी कुछ दिन और आना पड़ेगा। फिलहाल कल सुबह नौ बजे मिलने का बंदोबस्त कर दीजिएगा। मैं अपनी टीम के साथ कल फिर आऊँगा।"

जेलर साहब मेरी गंभीर मुखमुद्रा देखकर सिर्फ 'जी, सर' बोले और अपनी टीम को अगली सुबह नौ बजे वहाँ मौजूद रहने को ताकीद करते हुए मैं बाहर निकल गया। रणविजय से बातें करते हुए दिन बीत गया था, लेकिन मुझे भूख का बिल्कुल भी एहसास नहीं हुआ था, लेकिन जैसे ही घर जाने के लिए गाड़ी में बैठा तो पेट के फ्लोर पर चूहे शराबी बरातियों की तरह डांस करने लगे। लग रहा था कि किसी तरह गाड़ी बस उड़कर घर पहुँच जाए तो मैं कुछ खा सकूँ।

जेलर साहब मेरी गंभीर मुखमुद्रा देखकर सिर्फ 'जी, सर' बोले और अपनी टीम को अगली सुबह नौ बजे वहाँ मौजूद रहने को ताकीद करते हुए मैं बाहर निकल गया। रणविजय से बातें करते हुए दिन बीत गया था, लेकिन मुझे भूख का बिल्कुल भी एहसास नहीं हुआ था, लेकिन जैसे ही घर जाने के लिए गाड़ी में बैठा तो पेट के फ्लोर पर चूहे शराबी बरातियों की तरह डांस करने लगे।

घर पहुँचते ही श्रीमतीजी ने पेशकश की कि पहले मैं कपड़े बदल लूँ और फिर खाना खाऊँ, पर यकीन मानिए, उस समय मुझे उनकी यह पेशकश एकदम जहर-सी लग रही थी। इस वक्त तो मैं इतना भूखा था कि अगर कुछ

देर और खाने को न मिलता तो मैं ठाकुर भानु प्रताप की जहरवाली खीर भी खा सकता था, मगर बीवी बार-बार पहले कपड़े बदलने की सलाह दे रही थी और इधर पेट के चूहे मुझे पटक देने के लिए तैयार बैठे थे। मैं जानता था कि बिना कपड़े बदले बीवी मुझे अपना दिमाग भी नहीं खाने देगी। इसलिए जैसे-तैसे, लगभग भूख से बेहोश होते हुए, मैंने कपड़े बदले और खाने की मेज पर जा पहुँचा। यकीन मानिए दोस्तो, जीवन-मरण के बारे में भले ही कितना भी क्यों न लिखा गया हो, स्वर्ग-नरक की भले ही कितनी ही कल्पनाएँ क्यों न की गई हों, लेकिन भूख के वक्त अगर आपको लजीज खाना मिल जाए तो पूरी कायनात मिथ्या लगती है। लगता है, अच्छे खाने के अलावा सब झूठ है। सब भ्रम है। खाने की मेज पर बीवी के बनाए स्वादिष्ट भोजन का आनंद लेते हुए कुछ ऐसा ही दर्शन मेरे अंदर पनप रहा था।

रात भर बिस्तर पर करवटें बदलते यही सोचता रहा कि सुबह जेल पहुँचते ही रणविजय से कहूँगा कि वह सीधे-सीधे अपने जेल में होने की वजह बताए। उसके घर पर क्या हुआ ? उसके माँ-बाप ने क्या खरीदा-बेचा—इस सबसे मुझे कोई लेना-देना नहीं। मुझे कौन सा उसकी जीवनी लिखनी है ? वैसे भी इतने मुकदमे बहस पर लगे हैं। और तो और, जेलर भी न जाने क्या सोचेगा कि वकील साहब को रोज-रोज जेल आने का शौक लग गया है। कहीं उसने मुझे वहीं रोक लिया और बाहर ही न आने दिया तो क्या होगा, यह सोचते-सोचते मुझे खुद पर हँसी आने लगी।

रात भर बिस्तर पर करवटें बदलते यही सोचता रहा कि सुबह जेल पहुँचते ही रणविजय से कहूँगा कि वह सीधे-सीधे अपने जेल में होने की वजह बताए। उसके घर पर क्या हुआ ? उसके माँ-बाप ने क्या खरीदा-बेचा—इस सबसे मुझे कोई लेना-देना नहीं। मुझे कौन सा उसकी जीवनी लिखनी है ? वैसे भी इतने मुकदमे बहस पर लगे हैं।

□

भाग-7

अगली सुबह मैं एक बार फिर अपनी टीम के साथ जेल के दरवाजे पर मौजूद था। इस बार जेलर साहब मेरे इंतजार में खुद वहाँ पहले से ही खड़े थे। यह शायद उनकी इस मौजूदगी का ही असर था कि दरबान भी पहले से ज्यादा अदब से पेश आ रहा था। जेलर साहब यहाँ–वहाँ की न जाने कितनी ही बातें किए जा रहे थे, पर न जाने क्यों मुझे ही न तो कुछ सुनाई दे रहा था, न समझ आ रहा था। दरअसल मुझे उनकी किसी बात में दिलचस्पी ही नहीं थी।

मुझे लग रहा था कि मैं बस जल्दी से चक्कर पर पहुँचूँ और रणविजय से उसकी आगे की आपबीती जानूँ। अभी जेलर साहब बोल ही रहे थे कि मैंने कहा कि अगर अरेंजमेंट हो गया हो तो चक्कर पर चलते हैं। जेलर साहब तुरंत उठ खड़े हुए और मुझे अपने पीछे आने का इशारा करते हुए बोले, "आइए सर!" रास्ता वही था पर अब घुटन की जगह उत्साह ने ले ली थी।

चक्कर पर पहुँचने के बाद मैंने देखा कि रणविजय वहीं किनारे खड़ा मेरा इंतजार कर रहा था। जेलर साहब ने बैठने का सारा इंतजाम पहले ही करवा दिया था, लिहाजा मैंने बिना वक्त गँवाए अपनी सीट पकड़ी और अपनी टीम से काररवाई आगे बढ़ाने को कहा और साथ ही रणविजय को अपने पास आने का इशारा किया।

जेलर साहब, जो अब भी पास ही खड़े थे, हम सबको अपने काम में लगता देख मुझसे खुद ही बोल पड़े, "सर, मैं चलूँ!" मैंने उन्हें 'जी' कहकर

रुखसत किया और रणविजय, जो कि अब तक मेरे पास आ चुका था, उसे बात आगे बढ़ाने का इशारा किया। वह भी मेरे हाव-भाव से समझ चुका था कि मैं बिना समय बरबाद किए आगे की कहानी सुनना चाहता हूँ।

उसने मेरे पैर छुए और आगे कहना शुरू किया। रणविजय ने बताया कि गाँव से पैसे आने के साथ ही उसने कोचिंग की फीस जमा करवा दी थी और बचे पैसे रोजमर्रा के खर्चों के लिये अलग रख लिए थे। एडमिशन लेने के बाद रणविजय की पहली मुलाकात कामिनी से हुई, जो कोचिंग में काउंसलर थी। रणविजय की पारिवारिक और शैक्षिक पृष्ठभूमि सुनने के बाद कामिनी ने उसे सुझाव दिया कि अच्छे नतीजों के लिए उसे एक अंग्रेजी की कोचिंग भी जॉइन कर लेनी चाहिए, ताकि उसकी तरफ से तैयारी में किसी तरह की कसर न छूट जाए। कामिनी ने उसे यह भी बताया कि कैसे हर साल लाखों बच्चे इस परीक्षा में बैठते हैं और इंटरव्यू के बाद वही चंद लोग चयनित होते हैं, जो अपने विषय के बेस्ट होते हैं।

रणविजय सुनता जा रहा था और कामिनी बोलती जा रही थी। रणविजय को उसने यह भी बताया कि उसे इस तैयारी के दौरान किस तरह की पुस्तकें और न्यूज पेपर पढ़ने चाहिए और बेहतर तैयारी के लिए किन लोगों से मार्गदर्शन लेना चाहिए। एक अच्छे स्टूडेंट की क्या दिनचर्या होनी चाहिए, ताकि वह अपने दिन का ज्यादा-से-ज्यादा सही इस्तेमाल कर सके।

रणविजय सुनता जा रहा था और कामिनी बोलती जा रही थी। रणविजय को उसने यह भी बताया कि उसे इस तैयारी के दौरान किस तरह की पुस्तकें और न्यूज पेपर पढ़ने चाहिए और बेहतर तैयारी के लिए किन लोगों से मार्गदर्शन लेना चाहिए। एक अच्छे स्टूडेंट की क्या दिनचर्या होनी चाहिए, ताकि वह अपने दिन का ज्यादा-से-ज्यादा सही इस्तेमाल कर सके। उसके बाद उसने रणविजय को कुछ पैंफलेट दिए और अपने सवाल पूछने के लिए

कहा, पर न जाने क्यों रणविजय उसके सामने बुत-सा बनकर बैठा रहा।

शायद यह पहली बार था जब वह किसी लड़की के सामने इस तरह से बैठा था। कामिनी किसी भी आम लड़की की तरह ही थी—दरमियाना कद, छोटी आँखें और साँवला रंग, पर फिर भी उसमें एक अजब सी कशिश थी।

रणविजय के मन में काफी सवाल थे, पर उसने उन्हें एकदम पूछना ठीक नहीं समझा और वापस जाने के लिए उठ खड़ा हुआ। इस पर कामिनी ने उसे अपना मोबाइल नंबर देते हुए कहा कि अगर कोई जरूरत पड़े या कोई भी परेशानी हो तो वह उसे फोन कर सकता है।

रणविजय ने कामिनी का नंबर अपने मोबाइल फोन में फीड किया और उसका धन्यवाद कर घर की ओर बढ़ चला।

कोचिंग में एडमिशन हो जाने से रणविजय बहुत खुश था और कामिनी से मिलकर शायद और भी ज्यादा। एक लड़की के कोमल-सरल व्यवहार ने उसके भीतर हलचल पैदा कर दी थी और वह काफी रोमांचित महसूस कर रहा था।

रणविजय के मन में काफी सवाल थे, पर उसने उन्हें एकदम पूछना ठीक नहीं समझा और वापस जाने के लिए उठ खड़ा हुआ। इस पर कामिनी ने उसे अपना मोबाइल नंबर देते हुए कहा कि अगर कोई जरूरत पड़े या कोई भी परेशानी हो तो वह उसे फोन कर सकता है।

सिविल सर्विसेज की तैयारी के लिए गाँव से शहर आनेवाले अधिकतर युवकों के सामने यही चुनौती होती है। जिस उम्र में वे अपना घर छोड़कर कुछ बनने के लिए शहर आते हैं, दरअसल यही वह उम्र भी होती है जब वे किसी औरत के प्रति सबसे ज्यादा आकर्षण महसूस करते हैं। इस तरह का आकर्षण खासकर वे लड़के-लड़कियाँ अधिक महसूस करते हैं, जो सिर्फ बॉयज या गर्ल्स स्कूल में पढ़े हों। एक उम्र तक जहाँ कोई लड़का किसी

दूसरी लड़की से कभी बात ही नहीं करता। लड़की भी अगर किसी लड़के से बात करती है तो उसे 'भइया' कहती है।

ऐसे लड़के-लड़कियाँ मन में जब कुछ बनने की चाह लिये शहरों में आते हैं तो बहुत मुमकिन होता है कि वे अपने दिल के हाथों मजबूर हो बहक जाएँ। कामिनी से मिलने के बाद कुछ ऐसी ही भावनाएँ रणविजय पर भी हावी हो रही थीं।

रात भर कभी वह कामिनी के बारे में सोचता रहा तो कभी अपने उज्ज्वल भविष्य की कल्पना करता रहा। सुबह होते-होते उसने यह तय कर लिया था कि उसे अब आगे क्या करना है। कोचिंग पहुँचने पर वह कामिनी के कमरे की तरफ देखे बिना ही सीधे क्लास में दाखिल हो गया और क्लास खत्म होते ही बिना यहाँ-वहाँ ध्यान लगाए नाक की सीध में वापस घर आ गया।

रात भर कभी वह कामिनी के बारे में सोचता रहा तो कभी अपने उज्ज्वल भविष्य की कल्पना करता रहा। सुबह होते-होते उसने यह तय कर लिया था कि उसे अब आगे क्या करना है। कोचिंग पहुँचने पर वह कामिनी के कमरे की तरफ देखे बिना ही सीधे क्लास में दाखिल हो गया और क्लास खत्म होते ही बिना यहाँ-वहाँ ध्यान लगाए नाक की सीध में वापस घर आ गया।

उसने तय कर ही लिया था कि वह अपना ध्यान सिर्फ पढ़ाई पर लगाएगा। उसे समझ आ गया था कि उसकी आर्थिक स्थिति ऐसी नहीं है कि इधर-उधर की बातों में पड़कर वह अपना जरा भी वक्त और पैसा बरबाद करे।

उसकी क्लास में कई लड़कियाँ थीं, पर मजाल है, जो उसने कभी किसी की तरफ आँख उठाकर भी देखा हो। अपनी परीक्षा के लिए वह पूरे जी-जान से जुट चुका था। आखिर परीक्षा की वह घड़ी भी आ गई, जिसके लिए सभी छात्र लंबे समय से जद्दोजहद में जुटे थे। सिविल सर्विसेज की इस प्राथमिक

परीक्षा को 'प्रीलिम्स' कहते हैं, जिसे उत्तीर्ण करने पर आप मुख्य परीक्षा देते हैं और फिर आता है साक्षात्कार। मुख्य परीक्षा में सफल रहनेवाले उम्मीदवारों को साक्षात्कार के लिए बुलाया जाता है और जो इन तीनों चरणों में सफल रहता है, उसे सिविल सर्वेंट बनने का अवसर मिलता है।

रणविजय ने अपने आपको प्रीलिम्स परीक्षा की तैयारी में पूरी तरह से झोंक दिया, जिसका नतीजा यह हुआ कि प्रीलिम्स की परीक्षा में वह अव्वल रहा। इस नतीजे ने उसका मनोबल और बढ़ा दिया और वह और भी जोश के साथ मुख्य परीक्षा की तैयारी में जुट गया। अपनी पहली उपलब्धि जब उसने अपने पिता जागीर सिंह को बताई तो वे खुशी के मारे फूले नहीं समाए और जब यही खबर जागीर सिंह ने रणविजय की माँ को बताई तो उनकी आँखें खुशी से छलछला आईं। रणविजय के माता-पिता बेहद खुश थे। कुछ देर को वे अपनी खराब होती माली हालत तक के बारे में भूल गए थे।

रणविजय ने अपने आपको प्रीलिम्स परीक्षा की तैयारी में पूरी तरह से झोंक दिया, जिसका नतीजा यह हुआ कि प्रीलिम्स की परीक्षा में वह अव्वल रहा। इस नतीजे ने उसका मनोबल और बढ़ा दिया और वह और भी जोश के साथ मुख्य परीक्षा की तैयारी में जुट गया।

शुरुआती सफलता से उत्साहित रणविजय अब पूरी तरह कमर कसकर मुख्य परीक्षा की तैयारी में जुट गया था, मगर अब उसे महसूस होने लगा था कि बिना अंग्रेजी की कोचिंग किए बात नहीं बनेगी। उसने कई जगह बात करके देखी, पर कोचिंग की फीस सुनकर उसके हाथ-पैर फूल जाते थे। उसे समझ में नहीं आ रहा था कि वह कैसे अपने घर से और पैसे मँगवाए, हालाँकि उसके माता-पिता ने अपनी तंगहाली का जिक्र उससे कभी नहीं किया था, पर उसे भी अब यह एहसास होने लगा था कि उसकी पढ़ाई और शहर रहने के खर्चों से उसके पिता की आर्थिक स्थिति अब शायद पहले जैसी नहीं रही।

कोचिंग में वह इसी उधेड़बुन में बैठा था कि उसकी बगल की सीट पर बैठे लड़के ने उससे पूछ लिया, "क्या बात है? तबीयत तो ठीक है? आज बड़े चुप-चुप से हो।"

रणविजय ने बात टालने की पूरी कोशिश की, पर उसके लगातार कई बार पूछने पर उसने अपने मन की पूरी बात उसके सामने रख दी। सारी बात सुनने के बाद उसने कंधे उचकाते हुए कहा, "बस इतनी सी बात। यहाँ तो ऐसे कई लोग हैं, जो जॉब भी करते हैं और कोचिंग भी। तुम शामवाली क्लास के लिए रिक्वेस्ट कर लो और दिन में जॉब करो।"

रणविजय को भी सोचने की एक नई दिशा मिल गई। शाम को घर पहुँचकर जब उसने सारी बातें अपनी मकान मालकिन को बताईं तो उन्होंने भी सहमति जताते हुए कहा कि इसमें बुराई तो कोई नहीं है, फिर भी रणविजय अभी तक ऊहापोह में था कि उसे नौकरी करनी चाहिए या नहीं, फिर उसने सोचा कि क्यों न कामिनी से एक बार बात की जाए। टाइम देखा तो शाम के पौने आठ बज रहे थे। इससे पहले वक्त और आगे भागता, उसने जल्दी से कामिनी को फोन मिला दिया।

रणविजय को भी सोचने की एक नई दिशा मिल गई। शाम को घर पहुँचकर जब उसने सारी बातें अपनी मकान मालकिन को बताईं तो उन्होंने भी सहमति जताते हुए कहा कि इसमें बुराई तो कोई नहीं है, फिर भी रणविजय अभी तक ऊहापोह में था कि उसे नौकरी करनी चाहिए या नहीं, फिर उसने सोचा कि क्यों न कामिनी से एक बार बात की जाए।

"हैलो, कौन बोल रहा है?" उधर से आवाज आई।

कुछ झिझक के साथ वह बोला, "मैं, रणविजय सिंह।"

कामिनी ने उसे तुरंत पहचान लिया। हालचाल पूछने के बाद उसने रणविजय से फोन करने की खास वजह पूछी तो रणविजय ने अपनी सारी

व्यथा कामिनी को कह सुनाई। इस पर कामिनी ने बड़े ही विश्वास के साथ कहा कि अगर वाकई में इस तरह की कोई समस्या है तो उसे नौकरी कर लेनी चाहिए। उसकी शाम की क्लास कामिनी मैनेज करवा देगी और वैसे भी कोचिंग में ऐसे कई लोग हैं, जो जॉब और क्लास दोनों साथ-साथ करते हैं। कामिनी की बात सुनकर रणविजय को काफी सहारा मिला। उसने नौकरी करने का मन बना लिया।

अब अगली समस्या थी कि आखिर बिना अनुभव के उसे नौकरी देगा कौन और वह कहाँ से उसे ढूँढ़ने की शुरुआत करे? और नौकरी मिल भी गई तो क्या इतने पैसे मिल पाएँगे कि वह अपनी कोचिंग की फीस भर सके? वह इन सब बातों को लेकर काफी परेशान था, मगर जल्द ही कामिनी ने उसकी मुश्किल हल कर दी।

अब अगली समस्या थी कि आखिर बिना अनुभव के उसे नौकरी देगा कौन और वह कहाँ से उसे ढूँढ़ने की शुरुआत करे? और नौकरी मिल भी गई तो क्या इतने पैसे मिल पाएँगे कि वह अपनी कोचिंग की फीस भर सके? वह इन सब बातों को लेकर काफी परेशान था, मगर जल्द ही कामिनी ने उसकी मुश्किल हल कर दी।

कामिनी ने कहा कि वह अगले दिन टाइम निकालकर उसके पास आ जाए, वह उसका सी.वी. बनवा देगी और नौकरी के लिए आवेदन करना भी सिखा देगी। थोड़ी हिचकिचाहट के साथ रणविजय ने यह प्रस्ताव स्वीकार कर लिया।

उसके गाँव से बाहर रहने और पढ़ाई के बढ़ते खर्चों के चलते अब उसकी अंतरात्मा को यह मंजूर नहीं था कि वह अपने माता-पिता पर और कोई नया बोझ डाले, वैसे तो उसे अपने ऊपर पूरा यकीन भी था कि वह नौकरी के साथ-साथ अपनी पढ़ाई जारी रख पाएगा, पर कहीं-न-कहीं यह चिंता भी सता रही थी कि नौकरी के चलते कहीं उसे पढ़ाई से समझौता

तो नहीं करना पड़ेगा ? वह वाकई बड़ी दुविधा में था, अगर साथ में कोई नौकरी नहीं करता तो, इंग्लिश कोचिंग की फीस भरना मुश्किल था और फीस के लिए अगर नौकरी करता तो इस बात का डर था कि वह नौकरी में ही उलझकर न रह जाए, मगर यूँ सोचते रहना कोई विकल्प नहीं था, इसलिए उसने एक बार नौकरी के विकल्प को आजमाना ही बेहतर समझा।

□

भाग-8

तय समय से लगभग एक घंटा पहले ही वह कामिनी के केबिन में पहुँच चुका था, तब कामिनी वहाँ मौजूद नहीं थी, पर थोड़ी ही देर में वह हाथ में चाय के दो कप लिये कमरे में दाखिल हुई।

"ये लो, चाय पियो।" कामिनी ने कहा।

"आप पहले से ही मेरे लिए चाय तैयार करके बैठी थीं क्या?" रणविजय ने हँसते हुए पूछा।

"नहीं, मैंने तुम्हें केबिन के बाहर से ही आता देख लिया था और आज मैंने भी सुबह से चाय नहीं पी थी तो सोचा क्यों न तुम्हारे साथ ही चाय भी पी लूँ और साथ-साथ तुम्हारा काम भी कर दिया जाए।"

"यह भी ठीक है, खैर, बताइए कि क्या करना है?" रणविजय ने सीधे पॉइंट पर आते हुए पूछा।

"बताती हूँ, बताती हूँ," कामिनी ने कहा।

हालाँकि रणविजय कहीं-न-कहीं चाहता था कि वह यूँ ही कामिनी के सामने बैठा रहे, पर उसने इस बात को कामिनी के सामने जाहिर नहीं होने दिया। चाय का पहला घूँट लेने के बाद कामिनी ने पहले अपने सामने रखे लैपटॉप को ऑन किया और एक बने-बनाए सी.वी. का फॉरमेट अपने सामने खोल लिया, फिर दूसरा घूँट लेते हुए रणविजय से उसकी अकादमिक

डिटेल्स पूछने लगी। तभी उसने देखा कि रणविजय ने अब तक सामने रखी चाय को हाथ भी नहीं लगाया था।

"अरे भई, चाय पियो। ठंडी हो जाएगी," कामिनी ने कहा।

"जी, मैं चाय थोड़ी ठंडी करके पीता हूँ।" रणविजय ने जवाब दिया और उसके बाद दसवीं और बारहवीं के अपने मार्क्स बताने लगा। अपने अंक बताते हुए रणविजय के चेहरे पर आत्मविश्वास साफ देखा जा सकता था। जाहिर था कि कामिनी भी उसके इस टॉपर रिकॉर्ड से प्रभावित हुए बिना नहीं रह सकी और बोल पड़ी, "वाह भई, वाह! आई एम इम्प्रेस्ड।"

"जी, मैं चाय थोड़ी ठंडी करके पीता हूँ।" रणविजय ने जवाब दिया और उसके बाद दसवीं और बारहवीं के अपने मार्क्स बताने लगा। अपने अंक बताते हुए रणविजय के चेहरे पर आत्मविश्वास साफ देखा जा सकता था।

थोड़ी देर की मेहनत के बाद रणविजय का दो पन्ने का सी.वी. तैयार था, जिसका प्रिंट आउट कामिनी उसके हाथों में देते हुए बोली कि इसे सँभालकर रखना। इसकी सॉफ्ट कॉपी मैं तुम्हें मेल पर भेज दूँगी। अपनी इ-मेल आई.डी. दे देना।

"मैंने काफी पहले मेल आई.डी. बनाई थी, मगर उसे कभी यूज नहीं किया और अब तो मैं खुद उसे भूल गया हूँ," रणविजय ने जवाब दिया।

"आर यू सीरियस? तुम्हें अपनी मेल आई.डी. भी याद नहीं!" कामिनी ने चौंककर पूछा।

"हाँ, कुछ ऐसा ही समझो," रणविजय ने जवाब दिया।

"खैर, कोई बात नहीं, मैं बना देती हूँ।" कामिनी ने तभी फटाफट रणविजय की इ-मेल आई.डी. बनाकर पासवर्ड उसे देते हुए कहा कि मैं इसी इ-मेल आई.डी. पर तुम्हारे सी.वी. की सॉफ्ट कॉपी भेज रही हूँ और हाँ, तुम बाद में पासवर्ड बदल लेना।

"तो फिर मैं चलूँ?" न चाहते हुए भी रणविजय ने पूछा।

"अजी अभी कहाँ? अभी तो तुम्हारा काम शुरू भी नहीं हुआ है।"

"मैं कुछ समझा नहीं। सी.वी. तो बन गया न?" रणविजय ने कहा।

"तो क्या सी.वी. बन जाने भर से लोग नौकरी थाल में सजाकर तुम्हारे सामने ले आएँगे?" कामिनी ने तंज कसते हुए कहा।

"तो फिर मुझे अब क्या करना चाहिए?" रणविजय ने एक असहाय की भाँति कामिनी से पूछा।

"जी, आप कुछ नहीं करेंगे। करेगी तो ये वेबसाइट," कामिनी ने कहा।

"वेबसाइट मतलब, यह क्या करेगी? मैं समझा नहीं।" रणविजय ने थोड़ा आश्चर्य से पूछा।

"यह एक जॉब की साइट है, जहाँ तुम्हारा सी.वी. डालने से, जिसे भी तुम्हारा सी.वी. पसंद आएगा, वह तुम्हें इंटरव्यू के लिए बुला लेगा।"

"यह लो। हो गया तुम्हारा काम। तुम्हारा सी.वी. जॉब की दो वेबसाइट्स पर डाल दिया है। जल्द ही तुम्हें रेस्पॉन्स मिल जाएगा", 'ऑल द बेस्ट' कहते हुए कामिनी ने अपनी बात पूरी की। रणविजय ने कामिनी का शुक्रिया अदा किया और वहाँ से चला आया।

यह कहते हुए कामिनी ने अपनी नजरें लैपटॉप पर गड़ा दीं और लगभग पंद्रह मिनट तक बिना कुछ बोले लैपटॉप के की-बोर्ड से न जाने क्या खेलती रही।

"यह लो। हो गया तुम्हारा काम। तुम्हारा सी.वी. जॉब की दो वेबसाइट्स पर डाल दिया है। जल्द ही तुम्हें रेस्पॉन्स मिल जाएगा", 'ऑल द बेस्ट' कहते हुए कामिनी ने अपनी बात पूरी की। रणविजय ने कामिनी का शुक्रिया अदा किया और वहाँ से चला आया।

दो दिन बाद की बात है। रणविजय पढ़ाई कर रहा था कि तभी उसके

फोन पर उभरे एक नंबर ने बरबस उसके चेहरे पर मुसकान ला दी और उसने लपककर फोन उठा लिया।

"कैसे हो?" उधर से कामिनी की आवाज आई।

"मैं ठीक हूँ। आप कैसी हैं?" रणविजय ने जवाब दिया।

"बस बढ़िया। एक जरूरी इन्फॉर्मेशन देनी थी। कुछ कंपनियों ने तुम्हारे सी.वी. में दिलचस्पी दिखाई है और उनमें एक प्राइवेट बैंक भी है। इंटरव्यू के लिए दो दिन बाद बुलाया है। ऐसा करना कि कल थोड़ा पहले आ जाना और मुझसे मिल लेना। मैं सब समझा दूँगी," कामिनी ने कहा।

अभी तक रणविजय सिर्फ 'थैंक यू, थैंक यू वैरी मच' ही बोल पाया था कि 'इट्स ओके। सी यू टुमारो' कहकर कामिनी ने फोन काट दिया।

रणविजय अभी और बात करना चाहता था, पर उसे मौका नहीं मिला। उसे लग रहा था कि कामिनी फोन ही न रखे और यह बातचीत चलती रहे। पता नहीं कामिनी की आवाज में ऐसी क्या कशिश थी कि रणविजय उसकी तरफ खिंचा चला जा रहा था। पता नहीं कामिनी की बातों में ऐसा कौन सा संगीत था, जिसे रणविजय लूप में सुनते रहना चाहता था।

रणविजय अभी और बात करना चाहता था, पर उसे मौका नहीं मिला। उसे लग रहा था कि कामिनी फोन ही न रखे और यह बातचीत चलती रहे। पता नहीं कामिनी की आवाज में ऐसी क्या कशिश थी कि रणविजय उसकी तरफ खिंचा चला जा रहा था।

अगले दिन रणविजय फिर कामिनी के केबिन में था। उसे केबिन में आता देख कामिनी ने कहा, "आओ-आओ। मैं तुम्हारा ही इंतजार कर रही थी। बैठो। तुम्हारे सी.वी. पर कई कंपनियों का रेस्पॉन्स आया है।"

"क्या उन लोगों ने फोन किया था?" रणविजय ने कामिनी की बात

बीच में ही काटते हुए पूछा। इस पर कामिनी ने मुसकराते हुए जवाब दिया कि मुझे पता था कि तुम अपना मेल बॉक्स चेक नहीं करोगे। इसलिए मैंने ही चेक कर लिया, अगर तुम्हें बुरा लगा हो तो आई एम सॉरी।

रणविजय झेंपते हुए कहने लगा, "नहीं-नहीं, मेरा यह मतलब नहीं था।"

"अरे! कोई बात नहीं। मैं तुम्हें इंटरव्यू के लिए कुछ खास टिप्स दे रही हूँ, ताकि इंटरव्यू में तुम्हें थोड़ी मदद मिल सके," और यह कहते हुए कामिनी ने उसे इंटरव्यू में आमतौर पर पूछे जानेवाले सवाल-जवाबों के लिए लगभग तैयार कर दिया। कामिनी ने उसे बताया कि इंटरव्यू के दौरान हमें आत्मविश्वास से भरा दिखना चाहिए, लेकिन खुद को कॉन्फिडेंट दिखाने का मतलब यह भी नहीं है कि हम खुद को ओवर स्मार्ट बताने लगें, क्योंकि इंटरव्यू लेनेवाला एक बार हमारी अनुभवहीनता को तो नजरअंदाज कर सकता है, लेकिन कोई भी कंपनी ऐसे ओवर स्मार्ट लोगों को पसंद नहीं करती। इसी तरह कामिनी ने उसे समझाया कि इंटरव्यू के दौरान उसे विनम्र तो दिखना है, लेकिन विनम्र बनने की इस कोशिश में उसे चूहे की तरह दुबककर भी नहीं बैठना।

काफी देर बैठकर सबकुछ समझ लेने के बाद रणविजय क्लास में चला गया। शाम को घर पहुँचकर उसने इंटरव्यूवाली बात अपनी मकान मालकिन को बताई, जिसपर खुश होते हुए उन्होंने रणविजय से पूछा कि इंटरव्यू में क्या पहनोगे?

काफी देर बैठकर सबकुछ समझ लेने के बाद रणविजय क्लास में चला गया। शाम को घर पहुँचकर उसने इंटरव्यूवाली बात अपनी मकान मालकिन को बताई, जिसपर खुश होते हुए उन्होंने रणविजय से पूछा कि इंटरव्यू में क्या पहनोगे?

"अभी कुछ सोचा नहीं है," रणविजय ने जवाब दिया।

"इंटरव्यू में प्रेजेंटेबल जरूरी होता है, वरना चयन पर भी असर पड़ सकता है," वे बोलीं।

फिर कुछ सोचकर वे उसे अपने बेटे के कमरे में ले गईं। काफी दिनों से बंद होने के बावजूद कमरा ज्यादा गंदा नहीं था। अलमारी भी कई दिनों से खुली नहीं थी, फिर भी उसे देखकर साफ लग रहा था कि कपड़े बड़े प्यार से सहेजकर रखे गए हैं। आंटी ने खुद ही रणविजय के लिए कपड़ों का चयन किया।

फिर कुछ सोचकर वे उसे अपने बेटे के कमरे में ले गईं। काफी दिनों से बंद होने के बावजूद कमरा ज्यादा गंदा नहीं था। अलमारी भी कई दिनों से खुली नहीं थी, फिर भी उसे देखकर साफ लग रहा था कि कपड़े बड़े प्यार से सहेजकर रखे गए हैं। आंटी ने खुद ही रणविजय के लिए कपड़ों का चयन किया।

अलमारी से एक काले रंग की पैंट, सफेद शर्ट और एक लाल टाई निकालते हुए वे बोलीं कि इंटरव्यू के लिए ये सबसे अच्छे रहेंगे। मुझे याद है, मेरे बेटे ने भी अपने पहले इंटरव्यू में इन्हीं को पहना था और उसका सलेक्शन भी हो गया था, सो ये लकी भी हैं। रणविजय के लंबे कद को देखते हुए पैंट थोड़ी छोटी जरूर लग रही थी, पर आंटी ने उसे ठीक करने का आश्वासन देकर रणविजय को इस तरफ से निश्चिंत कर दिया था।

इतनी तैयारियाँ होते देख रणविजय मन-ही-मन थोड़ा घबराने-सा लगा था। इंटरव्यू के नाम से तो अच्छे-अच्छों के हाथ-पैर एक बार को फूल जाते हैं, फिर उसका तो यह पहला इंटरव्यू था। इंटरव्यू के बारे में सोचते-सोचते जब अचानक ही उसके फोन पर कामिनी का नंबर फ्लैश हुआ तो उसने लपककर फोन उठा लिया।

"मैंने तुम्हारी वीकेंड इवनिंग क्लासेज के लिए बात कर ली है, अब

तुम्हारी कोचिंग भी प्रभावित नहीं होगी और तुम नौकरी भी कर पाओगे।" कामिनी एक ही साँस में कह गई।

"वीकेंड इवनिंग क्लासेज कैसे काम करती हैं?" रणविजय ने पूछा।

कामिनी ने बताया, "इसमें शनिवार की शाम क्लास होती है और रविवार सुबह आठ से रात आठ बजे तक लगातार क्लास चलती है। बीच में तीन-चार बार आधे-आधे घंटे के ब्रेक जरूर मिलते हैं। कोई दिक्कत हो तो बताओ?"

"नहीं-नहीं, दिक्कत की क्या बात है? यह तो अच्छी बात है। नौकरी भी आराम से हो पाएगी और पढ़ाई भी पूरी कर पाऊँगा," रणविजय ने कहा। इसके बाद दोनों काफी देर तक नौकरी और पढ़ाई के बारे में बात करते रहे।

"नहीं-नहीं, दिक्कत की क्या बात है? यह तो अच्छी बात है। नौकरी भी आराम से हो पाएगी और पढ़ाई भी पूरी कर पाऊँगा," रणविजय ने कहा। इसके बाद दोनों काफी देर तक नौकरी और पढ़ाई के बारे में बात करते रहे।

आज रात रणविजय को अपनी पढ़ाई, नौकरी, गाँव इन सबसे अलग कुछ अलग ही खयाल आ रहा था और वह था कामिनी का। काम के बहाने ही सही उसे कामिनी का उससे यूँ बार-बार बात करना अच्छा लग रहा था। वह केबिन में हुई दोनों की मुलाकात के बारे में सोचने लगा। उसे याद आया वह पल, जब कामिनी वेबसाइट पर उसका सी.वी. अपलोड कर रही थी और वह बार-बार नजर बचाकर उसका चेहरा देख रहा था। वह उस खुशबू के बारे में सोचने लगा, जो उस दिन कामिनी से आ रही थी। वह नहीं जानता था कि वह कौन सा परफ्यूम था, मगर रणविजय के लिए वह खुशबू भी कामिनी ही थी। यही खुशबू अब रणविजय के पूरे कमरे में फैलकर उसे अपने वश में ले रही थी और वह भी उसके आगे सरेंडर करता जा रहा था।

अगली सुबह रणविजय उठा तो उसके दिल पर अब भी बीती रात का अहसास ताज़ा था, पर फिर अचानक उसे अपने मन में उभर रही भावनाओं

को लेकर ग्लानि होने लगी और वह कुछ निश्चय करके एकदम से बिस्तर से उठ खड़ा हुआ। वह फिर से अपना सारा ध्यान पढ़ाई पर लगाते हुए कोचिंग क्लास पहुँच गया।

शाम को जब वह वापस लौटा तो उसके बिस्तर पर एक नई सफेद शर्ट, ब्लैक पैंट और लाल रंग की टाई के पैकेट रखे थे। रणविजय को कुछ समझ नहीं आया तो वह सारे पैकेट लेकर आंटी के पास पहुँच गया। "आंटी, मेरे बिस्तर पर ये सब क्या रखा हुआ था?"

शाम को जब वह वापस लौटा तो उसके बिस्तर पर एक नई सफेद शर्ट, ब्लैक पैंट और लाल रंग की टाई के पैकेट रखे थे। रणविजय को कुछ समझ नहीं आया तो वह सारे पैकेट लेकर आंटी के पास पहुँच गया। "आंटी, मेरे बिस्तर पर ये सब क्या रखा हुआ था?"

"तुम्हारे इंटरव्यू के लिए कपड़े हैं और क्या?" आंटी बोलीं।

"वह तो ठीक है, पर ये नए कपड़े···" रणविजय ने सवालिया नजरों से आंटी को देखते हुए कहा।

"अच्छा वो···वो तो टेलर ने इतनी जल्दी कपड़े ऑल्टर करके देने से मना कर दिया था और वैसे भी वे कपड़े पुराने थे तो मुझे लगा कि क्यों न जिंदगी की नई शुरुआत नए कपड़ों से की जाए," आंटी कहने लगीं।

"पर ये कपड़े तो काफी महँगे हैं। माफ कीजिए, पर मैं इन्हें नहीं ले सकता।"

इस पर आंटी बड़े हक से गुस्सा दिखाते हुए बोलीं, "छोड़ो भी बेटा! तुम्हारा सेल्फ रेस्पेक्ट देखकर मुझे खुशी हुई है, पर मैं तो तुम्हारी माँ जैसी हूँ, फिर भी मन पर बोझ रहे तो नौकरी मिलने के बाद पहली तनख्वाह में से इसका हिसाब-किताब करते रहना। अब ठीक है?"

आंटी शुरू से ही रणविजय का बहुत खयाल रखती थीं, लेकिन वे उसके

लिए इतना कुछ करेंगी, यह उम्मीद उसे भी नहीं थी। आंटी के प्रेम भरे तर्कों के आगे वह निरुत्तर हो गया और आगे बढ़कर उनके पैर छू लिये। आंटी ने उसे सफल होने का आशीर्वाद दिया और उसने चुपचाप कपड़े लेकर अपने कमरे का रुख किया।

□

भाग-9

अगली सुबह रणविजय तैयार हुआ, पर क्लास के लिए नहीं, इंटरव्यू के लिए। आज उसने कई दिनों बाद दाढ़ी बनाई थी। सलीके से सँवरे बालों, सफेद शर्ट और ब्लैक पैंट में वह किसी बड़े अधिकारी से कम नहीं लग रहा था। वह तैयार होकर बाहर निकलने ही वाला था कि उसे याद आया कि इसके ऊपर उसे एक लाल टाई भी पहननी है, पर टाई पहनना तो उसे आता ही नहीं था और कोई रास्ता नहीं सूझा तो उसने टाई मोड़कर अपनी जेब में डाल ली और अपने डॉक्यूमेंट्स का फोल्डर लेकर इंटरव्यू के लिए निकल पड़ा।

इंटरव्यू एक प्राइवेट बैंक में था। रास्ते भर उसके मन में अलग-अलग तरह के खयाल आते रहे; न मालूम इंटरव्यू बोर्ड कैसा होगा? वे लोग मुझ जैसे अनुभवहीन उम्मीदवार पर विचार भी करेंगे या नहीं? यही सोचते-सोचते वह बैंक भी पहुँच गया, पर जेब में पड़ी टाई अब भी उसके गले की फाँस बनी हुई थी। वह सोच रहा था कि आखिर यह टाई पहनते कैसे हैं और जब इसे पहनना इतना ही मुश्किल है तो लोग इसे पहनते ही क्यों हैं?

खैर, जब सबने टाई पहनने की सलाह दी थी तो इसे पहनना तो था ही। गनीमत थी कि वह इंटरव्यू के समय से काफी पहले ही बैंक पहुँच चुका था। इसका फायदा यह हुआ कि उसने वहीं खड़े एक बुजुर्ग व्यक्ति से टाई पहनने में मदद माँग ली। वे भी शायद उसकी समस्या समझ चुके थे, इसलिए उन्होंने मुसकराते हुए रणविजय को टाई पहना दी। कुछ देर तो उसने उनकी कुशल

उँगलियों को देख यह कला सीखने की कोशिश की, पर वे इतनी जल्दी-जल्दी हाथ चला रहे थे कि उसने उधर दिमाग न लगा इंटरव्यू पर फोकस करना ही ठीक समझा।

थोड़ी देर बाद ही इंटरव्यू के लिए उसका बुलावा आ गया और वह दिशा-निर्देशों के अनुसार इंटरव्यू कक्ष में घुस गया। इंटरव्यू में उससे कमोबेश वही सवाल पूछे गए, जिसकी तैयारी उसे कामिनी ने पहले से करवा रखी थी। इसका फायदा यह हुआ कि वह इंटरव्यू के दौरान बिल्कुल भी घबराया नहीं। हर सवाल का जवाब उसके पास पहले से तैयार था।

कुछ देर बाद ही वह इंटरव्यू से फ्री हो गया। इंटरव्यू उम्मीद से जल्दी निपट गया था तो उसने सोचा, क्यों न कामिनी से मिलकर उसे इंटरव्यू के बारे में बताया जाए। कामिनी को वह इंटरव्यू का ब्योरा तो देना चाहता था, मगर उससे भी ज्यादा बेचैनी उसे कामिनी को अपना नया लुक दिखाने की थी।

कुछ देर बाद ही वह इंटरव्यू से फ्री हो गया। इंटरव्यू उम्मीद से जल्दी निपट गया था तो उसने सोचा, क्यों न कामिनी से मिलकर उसे इंटरव्यू के बारे में बताया जाए। कामिनी को वह इंटरव्यू का ब्योरा तो देना चाहता था, मगर उससे भी ज्यादा बेचैनी उसे कामिनी को अपना नया लुक दिखाने की थी।

थोड़ी ही देर में वह कामिनी के यहाँ पहुँच गया, जैसे ही वह उसके केबिन में दाखिल हुआ, कामिनी ने लगभग चौंकते हुए कहा, "अरे! मैं कहीं सपना तो नहीं देख रही हूँ?"

"मैं ठीक तो लग रहा हूँ न?" एक बार फिर तारीफ सुनने की मंशा से रणविजय ने पूछा। "ठीक? तुम तो पूरे हीरो लग रहे हो।" कामिनी बोली। जिस पर रणविजय ने संकोच से नई-नवेली दुलहन की तरह नजरें झुका लीं।

थोड़ी देर तक दोनों ने इंटरव्यू पर चर्चा की। रणविजय के मुँह से इंटरव्यू का ब्योरा सुनकर कामिनी को इस बात की तसल्ली हो रही थी कि उसकी

मेहनत रंग लाई। रणविजय ने भी इंटरव्यू के लिए सीधे तौर पर कामिनी का शुक्रिया अदा नहीं किया, लेकिन उसकी नजरें सब बयाँ कर रही थीं। कई बार आपकी नजरें आपके कहे शब्दों से ज्यादा बयाँ कर जाती हैं और रणविजय के साथ आज कुछ ऐसा ही हो रहा था।

चूँकि उसकी क्लास अब सिर्फ शनिवार और रविवार के लिए फिक्स हो गई थी तो अब उसे रोज-रोज कोचिंग क्लास नहीं जाना था। अगले दिन लगभग दो बजे कामिनी का फोन आया और बोली कि शाम पाँच बजे मुझे कोचिंग के बाहरवाले कैफे में मिलो। कुछ जरूरी काम है। रणविजय ने ठीक है, मैं आता हूँ...कहते हुए फोन काट दिया और शाम को समय पर कैफे पहुँच गया।

कामिनी अभी वहाँ नहीं पहुँची थी और रणविजय कामिनी के उसे यूँ अचानक बुलाने की वजह के बारे में सोचने लगा। वह फोन के वक्त कामिनी की टोन के बारे में सोचने लगा। उसे इतना तो पता था कि कोई टेंशन की बात नहीं है, लेकिन कामिनी ने अचानक क्यूँ बुलाया, इसका उसे जरा भी अंदाजा नहीं हो रहा था।

कामिनी अभी वहाँ नहीं पहुँची थी और रणविजय कामिनी के उसे यूँ अचानक बुलाने की वजह के बारे में सोचने लगा। वह फोन के वक्त कामिनी की टोन के बारे में सोचने लगा। उसे इतना तो पता था कि कोई टेंशन की बात नहीं है, लेकिन कामिनी ने अचानक क्यूँ बुलाया, इसका उसे जरा भी अंदाजा नहीं हो रहा था।

वह इस उधेड़बुन में ही था कि तभी कामिनी भी वहाँ आ गई। कैफे में घुसते ही कामिनी ने सीधे कहा, "कॉन्ग्रेच्युलेशंस मिस्टर रणविजय सिंह। यू गॉट द जॉब। हेयर इज योअर ऑफर लेटर। आज दोपहर ही बैंक ने तुम्हारी मेल पर यह लेटर भेजा है।"

रणविजय को तो जैसे अपने कानों पर विश्वास ही नहीं हो रहा था। यह

तो वह जानता था कि उसका इंटरव्यू ठीक-ठाक हुआ है, पर इतनी जल्दी सलेक्शन की खबर भी आ जाएगी, इसकी उसे उम्मीद न थी।

"अरे भई, शक्ल ही देखते रहोगे या कुछ खिलाओगे-पिलाओगे भी।" कामिनी की आवाज से वह वर्तमान में लौटा।

"अरे! क्यों नहीं, हमारा पेट भी कौन सा आपका चेहरा देखकर भरनेवाला है!" रणविजय ने भी उसी अंदाज में चुटकी लेते हुए जवाब दिया और वेटर को बुलाकर कॉफी के साथ स्नैक्स लाने को कहा। बातचीत के दौरान ही कामिनी ने उसे समझाया कि अब आगे की प्रक्रिया क्या होगी और उसे बैंक जाकर फॉर्मैलिटीज कब पूरी करनी हैं।

"अरे! क्यों नहीं, हमारा पेट भी कौन सा आपका चेहरा देखकर भरनेवाला है!" रणविजय ने भी उसी अंदाज में चुटकी लेते हुए जवाब दिया और वेटर को बुलाकर कॉफी के साथ स्नैक्स लाने को कहा। बातचीत के दौरान ही कामिनी ने उसे समझाया कि अब आगे की प्रक्रिया क्या होगी और उसे बैंक जाकर फॉर्मैलिटीज कब पूरी करनी हैं।

कामिनी जॉइनिंग से जुड़ी हर औपचारिकता के बारे में उसे विस्तार से बताती जा रही थी, साथ-साथ कॉफी के सिप भी ले रही थी, लेकिन उस एक पल रणविजय को कुछ सुनाई नहीं दे रहा था, न उसके लिए वह कॉफी मायने रखती थी, न वह टेबल, न उसे अगल-बगल बैठे लोग दिखाई दे रहे थे, न उनकी बातें सुनाई दे रही थीं, उस वक्त उसके लिए न मौसम ठंडा था, न गरम, न हवाएँ सर्द थीं, न सुहानी, उसकी नजरों के लेंस ने सबकुछ धुँधला कर दिया था और उसके फोकस में सिर्फ एक चेहरा था और वह था कामिनी का। उसी चेहरे में खोए-खोए कब एक घंटा बीत गया, उसे पता ही नहीं चला। कुछ देर में कामिनी ने जाने की बात की तो वह दोबारा इस दुनिया में लौटा। उसने भी अधूरे मन से उसे 'बाय' कहा और अपने रूम के लिए निकल गया।

घर लौटते समय रणविजय को खयाल आया कि नौकरी लगने की खुशी में आंटी का मुँह मीठा भी तो करवाना है। उसने रास्ते में रुककर एक दुकान से गरम जलेबियाँ ले लीं।

घर पहुँचते ही उसने आंटी के पैर छुए और उनके हाथ में अपना ऑफर लेटर रख दिया, मानो उस एक पल वह आंटी में अपनी माँ को देख रहा हो। इसके बाद उसने आंटी के मुँह में जलेबी का टुकड़ा डालते हुए उन्हें अपनी नौकरी लगने की खुशखबरी दी।

घर पहुँचते ही उसने आंटी के पैर छुए और उनके हाथ में अपना ऑफर लेटर रख दिया, मानो उस एक पल वह आंटी में अपनी माँ को देख रहा हो। इसके बाद उसने आंटी के मुँह में जलेबी का टुकड़ा डालते हुए उन्हें अपनी नौकरी लगने की खुशखबरी दी।

आंटी ने उसे खुशी से गले लगा लिया। रणविजय अपने माता-पिता को भी यह खबर देना चाहता था, आखिर यह उसके पेशेवर जीवन की शुरुआत थी, लेकिन जैसे ही उसने उन्हें यह सब बताने के लिए फोन उठाया, वैसे ही उसे महसूस हुआ कि अगर उसने यह बात अपने पिता को बताई तो वे शायद काफी नाराज हो जाएँ, इसलिए उसने इसे राज ही रखना ठीक समझा, वैसे भी यह नौकरी तो उसके लिए सिविल सर्विसेज तक पहुँचने की सीढ़ी भर थी। अगले दिन उसने बैंक जाकर बाकी कागजी काररवाई पूरी की, जिसके बाद उसे जॉइनिंग के लिए दो दिन बाद की तारीख दे दी गई।

चूँकि रणविजय बचपन से ही मेहनती और तेज दिमागवाला लड़का था, जिसमें बहुत कुछ करने की लगन थी, इसलिए नौकरी में पैर जमाने में भी उसे कोई दिक्कत नहीं आई। रणविजय का व्यवहार भी ऐसा था कि जल्द ही ऑफिस में उसके कई दोस्त बन गए, लेकिन जिस एक शख्स से उसकी सबसे अच्छी दोस्ती हुई, उसका नाम था संजय कुमार। संजय स्वभाव से काफी हँसमुख और मिलनसार था। यही वजह थी कि ऑफिस में

सभी उसकी तारीफ करते थे, शायद ही ऐसा कोई शख्स हो, जो उसे नापसंद करता हो।

संजय रणविजय से यही कोई दो-तीन साल बड़ा था और उसकी भी यह नौकरी ज्यादा पुरानी नहीं थी। वह भी ग्रामीण पृष्ठभूमि से था और बेहद सरल स्वभाव का था। इसलिए वह और रणविजय बेहद कम समय में पक्के दोस्त हो गए। संजय भी दिल्ली में अकेला ही रहता था और उसका परिवार बिहार के एक छोटे से शहर में रहता था। संजय जो कुछ भी कमाता, उसमें से जरूरत का पैसा रखकर बाकी सारे पैसे अपने माता-पिता के पास भेज दिया करता था। उसके घर में उसके माता-पिता के अलावा उसकी दो छोटी बहनें भी थीं, जिनकी शादी की जिम्मेदारी संजय पर थी।

अब रणविजय का रुटीन भी काफी हद तक पटरी पर आ चुका था। वह रोज सुबह बैंक जाता और शनिवार-रविवार कोचिंग क्लासेज लेता। हफ्ते में एक-आध बार किसी-न-किसी बहाने कामिनी से भी मुलाकात हो जाया करती थी। बहाना नहीं मिलता तो वह मिलने का बहाना निकाल लिया करता था।

अब रणविजय का रुटीन भी काफी हद तक पटरी पर आ चुका था। वह रोज सुबह बैंक जाता और शनिवार-रविवार कोचिंग क्लासेज लेता। हफ्ते में एक-आध बार किसी-न-किसी बहाने कामिनी से भी मुलाकात हो जाया करती थी। बहाना नहीं मिलता तो वह मिलने का बहाना निकाल लिया करता था।

जल्द ही मुख्य परीक्षा का समय भी आ गया। रणविजय ने अपनी मेहनत और बढ़ा दी। वह रात-रात जागकर परीक्षा की तैयारी करने लगा। वह दिन में बैंक जाता और रात में जागकर परीक्षा की तैयारी करता, पर किस्मत को शायद कुछ और ही मंजूर था।

परीक्षा से ठीक दो दिन पहले उसे तेज बुखार हुआ और बेतहाशा उलटियाँ होने लगीं। किस्मत से उस वक्त वह ऑफिस में ही था। संजय उसे

तुरंत अस्पताल ले गया, जहाँ शुरुआती परीक्षण के बाद डॉक्टर को उसमें डेंगू के लक्षण दिखाई दिए और उसे तुरंत एडमिट होने को कहा। रणविजय की हालत काफी खराब हो रही थी। संजय ने बिना वक्त गँवाए उसे तुरंत एडमिट करवा दिया।

कुछ देर बाद जब उसे होश आया तो उसने अपने सामने संजय को बैठे देखा। रणविजय में इतनी भी हिम्मत नहीं थी कि वह संजय से कुछ पूछ या कह पाए। कुछ देर तक हिम्मत जुटाने की कोशिश करने के बाद रणविजय ने अपने मोबाइल की तरफ इशारा किया और बमुश्किल इतना ही बोल पाया—'कामिनी'।

कुछ देर बाद जब उसे होश आया तो उसने अपने सामने संजय को बैठे देखा। रणविजय में इतनी भी हिम्मत नहीं थी कि वह संजय से कुछ पूछ या कह पाए। कुछ देर तक हिम्मत जुटाने की कोशिश करने के बाद रणविजय ने अपने मोबाइल की तरफ इशारा किया और बमुश्किल इतना ही बोल पाया—'कामिनी'।

संजय कामिनी के बारे में जानता था। इसलिए उसने तुरंत रणविजय के मोबाइल से कामिनी का नंबर मिलाया और उसे पूरी बात बताई। संजय की बात सुनकर कामिनी काफी घबरा गई और फौरन अस्पताल आ गई।

कामिनी के आने के बाद संजय उसे दवाइयों के बारे में समझाकर और शाम को जल्द आने की बात बोलकर वापस ऑफिस चला गया।

अब कमरे में रणविजय और कामिनी अकेले थे। रणविजय ने कामिनी की तरफ देखा। हमेशा हँसती रहनेवाली कामिनी को उसने पहली बार इतना परेशान देखा, मगर कामिनी की इस पीड़ा में रणविजय के लिए सुकून भी था। जिसे आप चाहते हों उसे खुद के लिए परेशान होता देखकर आपके प्यार को एक आश्वासन मिलता है। कामिनी की 'चिंता' में रणविजय को अपने प्यार के लिए ऐसा ही आश्वासन दिखाई दे रहा था। वह कामिनी से कुछ कहना

चाह रहा था, मगर तभी कामिनी बाहर खड़ी नर्स से रणविजय का हालचाल लेने वार्ड से बाहर निकल गई।

उसने नर्स से बातचीत शुरू ही की थी कि तभी उसे सामने से डॉक्टर साहब आते दिख गए। "सर, मैं रणविजय सिंह के साथ हूँ। अभी कैसी तबीयत है उनकी, वे कब तक ठीक हो जाएँगे?" कामिनी ने पूछा।

"पूरी तरह ठीक होने में तो पंद्रह से बीस दिन लग सकते हैं। हफ्ते-दस दिन का तो कंप्लीट बेड रेस्ट भी लेना होगा, बाकी एक बार ब्लड टेस्ट की रिपोर्ट आ जाए, फिर देखते हैं," डॉक्टर ने जवाब दिया।

कामिनी रणविजय की सामनेवाली कुरसी पर बैठ एकटक उसे निहारे जा रही थी। सामने बेड पर असहाय-सा लेटा रणविजय भी बीच-बीच में आँखें खोलकर उसे देख लेता। अपनों से दूर कामिनी ही उसका संबल थी। उस जनरल वार्ड में अलग-अलग उम्र, पेशे और पृष्ठभूमि के न जाने कितने ही लोग थे, पर अस्पताल के उस वार्ड में सब एक जैसे ही लग रहे थे; परेशान, व्यथित और अस्पताल से निकलकर, फिर से सामान्य जिंदगी जीने का इंतजार करते हुए।

"पूरी तरह ठीक होने में तो पंद्रह से बीस दिन लग सकते हैं। हफ्ते-दस दिन का तो कंप्लीट बेड रेस्ट भी लेना होगा, बाकी एक बार ब्लड टेस्ट की रिपोर्ट आ जाए, फिर देखते हैं," डॉक्टर ने जवाब दिया।

लगभग पाँच घंटे बीत चुके थे। रणविजय को ड्रिप-पर-ड्रिप चढ़ाई जा रही थी। बीच-बीच में रणविजय का फोन बज रहा था। नर्स से बात करने के कारण कामिनी ने एक-दो बार तो फोन काटा, पर जब लगातार तीसरी घंटी आई तो उसे फोन उठाना ही पड़ा। "बेटा, कहाँ हो? अभी तक घर नहीं पहुँचे?" फोन के दूसरी तरफ आंटी थीं।

रणविजय शाम को आमतौर पर बैंक से सीधे घर ही जाता था, जहाँ आंटी खाना बनाकर उसका इंतजार करती रहती थीं। किसी दिन देर से भी

आना हो तो आंटी को फोन कर बता देता था, मगर आज संजय की तरफ से किसी भी तरह का कॉल न आने से वे घबरा गई थीं। रोज की तरह खाना बनाकर रणविजय का इंतजार करती रहीं, पर काफी देर बीत जाने पर भी जब रणविजय घर नहीं पहुँचा तो उन्हें चिंता होने लगी। आखिरकार, उन्होंने उसे फोन करना ही ठीक समझा।

"रणविजय की ऑफिस में थोड़ी तबीयत खराब हो गई थी, जिसकी वजह से उसे अस्पताल में एडमिट करना पड़ा।" कामिनी ने आंटी को बताया।

"आप परेशान न हों। डॉक्टर ने सिमटम्स देखते हुए डेंगू बताया है, पर अभी ब्लड रिपोर्ट का वेट कर रहे हैं, तभी ठीक-ठीक पता चल पाएगा कि क्या हुआ है," कहते हुए कामिनी ने आंटी को हॉस्पिटल का नाम और पता लिखवा दिया।

"अरे! पर अचानक उसे हुआ क्या? वह ठीक तो है? अभी कैसा है? किस अस्पताल में एडमिट किया है?" आंटी की आवाज में पीड़ा साफ महसूस की जा सकती थी।

"आप परेशान न हों। डॉक्टर ने सिमटम्स देखते हुए डेंगू बताया है, पर अभी ब्लड रिपोर्ट का वेट कर रहे हैं, तभी ठीक-ठीक पता चल पाएगा कि क्या हुआ है," कहते हुए कामिनी ने आंटी को हॉस्पिटल का नाम और पता लिखवा दिया।

करीब आधे घंटे बाद आंटी अस्पताल में थीं। उनके बेतरतीब बाल और जैसे-तैसे लपेटी हुई साड़ी देखकर कोई भी अंदाजा लगा सकता था कि वे किस बदहवासी में घर से निकली हैं। लगातार चढ़ते ग्लूकोज से रणविजय अब पहले से बेहतर महसूस कर रहा था, पर अभी भी उसे बोलने में तकलीफ हो रही थी। आंटी को अपने सामने पाकर वह भावुक हो गया। उन्हें देखकर उसे अकस्मात् ही अपनी माँ की याद आ गई, तभी आंटी ने कामिनी से कहा कि अब वह घर चली जाए और सुबह अपनी सुविधानुसार आ जाए। आज

रात वे अस्पताल में रह जाएँगी। अभी उन दोनों की बात चल ही रही थी कि संजय भी वहाँ पहुँच गया।

"आई एम एक्सट्रीमली सॉरी। मैं थोड़ा लेट हो गया। ऑफिस से छुट्टी के समय एक जरूरी काम आ गया था, जिसे खत्म करते-करते थोड़ा लेट हो गया," संजय ने कहा।

"कोई बात नहीं। इनसे मिलो, ये रणविजय की मकान मालकिन कमला आंटी हैं," कामिनी ने आंटी की तरफ इशारा करते हुए संजय को आंटी का परिचय दिया।

"आंटी नमस्ते। अब आप लोगों को परेशान होने की जरूरत नहीं है। मैं आ गया हूँ न। मैं सब देख लूँगा। आप दोनों आराम से घर जाकर सो जाइए।"

अभी संजय अपनी बात पूरी भी नहीं कर पाया था कि तभी एक नर्स आकर बोली, "आप लोग पेशेंट का आज का बिल और कुछ एडवांस तुरंत बिलिंग काउंटर पर जमा करवा दीजिए। आपका इमरजेंसी केस होने के कारण हमने बिना डिपॉजिट पेशेंट को एडमिट कर लिया था।" नर्स के जाने के साथ ही एक पल को कमरे में असहज-सी चुप्पी छा गई। संजय और कामिनी रणविजय के बेहद करीबी दोस्त थे, लेकिन उनके पास भी इतने पैसे नहीं थे कि बिल का भुगतान करने के लिए अचानक हजारों रुपए दे सकें।

अभी संजय अपनी बात पूरी भी नहीं कर पाया था कि तभी एक नर्स आकर बोली, "आप लोग पेशेंट का आज का बिल और कुछ एडवांस तुरंत बिलिंग काउंटर पर जमा करवा दीजिए। आपका इमरजेंसी केस होने के कारण हमने बिना डिपॉजिट पेशेंट को एडमिट कर लिया था।"

उन दोनों में से कोई कुछ बोलता, तभी आंटी ने दस हजार की गड्डी संजय के हाथ में देते हुए कहा कि इसे तुरंत काउंटर पर जमा करा दो! और पैसों की जरूरत पड़े तो वह भी बता देना। रणविजय की आँखें भले ही बंद

थीं, पर वह होश में था, जब उसने आंटी की बात सुनी तो वह उनके प्रति कृतज्ञता से भर गया, पर फिर अगले ही पल खुद को बेचारा-सा महसूस करने लगा। न वह इस लायक था कि अपनी इस बीमारी के लिए खुद हजारों रुपए का खर्च उठा सके और न ही वह खुद पर आई इस मुसीबत के बारे में बताकर हजारों किलोमीटर दूर बैठे अपने माँ-बाप को परेशान करना चाहता था। ऊपर से शरीर की कमजोरी उसे तोड़े जा रही थी। वह इतना कमजोर महसूस कर रहा था कि अपनी बेबसी पर रो भी नहीं पा रहा था।

उसने जैसे-तैसे खुद को सँभाला और लेटे-लेटे अनजान बने रहने में ही अपनी भलाई समझी। जीवन में इनसान का आत्मविश्वास कभी-कभी इतना नीचे चला जाता है कि वह खुद की मदद करनेवालों का धन्यवाद कहने की हिम्मत भी नहीं जुटा पाता। उस पल चुपचाप लेटा रहकर रणविजय भी अपनी इस दयनीयता से शायद नजरें चुरा रहा था।

उसने जैसे-तैसे खुद को सँभाला और लेटे-लेटे अनजान बने रहने में ही अपनी भलाई समझी। जीवन में इनसान का आत्मविश्वास कभी-कभी इतना नीचे चला जाता है कि वह खुद की मदद करनेवालों का धन्यवाद कहने की हिम्मत भी नहीं जुटा पाता। उस पल चुपचाप लेटा रहकर रणविजय भी अपनी इस दयनीयता से शायद नजरें चुरा रहा था।

संजय पैसे जमा करवाकर वापस आ चुका था। उसने आंटी से घर लौट जाने को कहा, लेकिन आंटी माँ की तरह जिद पर अड़ गईं। उन्होंने रात वहीं रुकने का अपना फरमान सबको सुना दिया और संजय के साथ-साथ कामिनी को भी समय से घर लौट जाने को कहा, फिर संजय की ओर मुड़कर उन्होंने कामिनी को घर छोड़ देने की जिम्मेदारी उसे सौंप दी। जवाब में संजय ने भी 'हाँ' में सिर हिला दिया।

उन दोनों के चले जाने के बाद आंटी वहीं पास में रखे एक स्टूल

पर बैठकर सुस्ताने लगीं। अभी कुछ ही देर हुई थी कि रणविजय का फोन बज उठा। रणविजय डिस्टर्ब न हो, यह सोचकर आंटी ने झट से फोन हाथ में ले लिया। स्क्रीन पर फ्लैश हो रहा था, 'बाबूजी।' आंटी ने तुरंत कॉल पिक कर लिया। आंटी के 'हैलो' बोलते ही जागीर सिंह चौंक गए। रणविजय के फोन पर एक महिला की आवाज सुनकर वे ठिठक-से गए और कान से फोन हटाकर देखने लगे कि कहीं उन्होंने किसी और को तो फोन नहीं लगा दिया है।

नंबर कन्फर्म होने पर मन में सौ सवाल लिये उन्होंने पूछा कि यह नंबर तो रणविजय का है न? "जी हाँ, मैं उसकी मकान मालकिन कमला बोल रही हूँ।"

"ओह! अच्छा। रणविजय से बात करवा दीजिए। वैसे रणविजय कहाँ है? सब ठीक तो है?" जागीर सिंह की आवाज में चिंता और हैरानी दोनों साफ झलक रही थी।

"आज उसका स्पेशल ट्रेनिंग सेशन है, जहाँ फोन ले जाना अलाउड नहीं था, इसलिए वह फोन घर पर ही छोड़ गया है। कहकर गया था कि घर लौटने में थोड़ी देर हो जाएगी। मैं उसे बता दूँगी कि आपका फोन आया था। वह आपको सुबह फोन कर लेगा।" आंटी ने बड़ी सफाई से सच्चाई छिपा ली।

"आज उसका स्पेशल ट्रेनिंग सेशन है, जहाँ फोन ले जाना अलाउड नहीं था, इसलिए वह फोन घर पर ही छोड़ गया है। कहकर गया था कि घर लौटने में थोड़ी देर हो जाएगी। मैं उसे बता दूँगी कि आपका फोन आया था। वह आपको सुबह फोन कर लेगा।" आंटी ने बड़ी सफाई से सच्चाई छिपा ली।

"अच्छा-अच्छा! ठीक है। कोई खास बात नहीं है। हमें तो बस उसका हाल-चाल ही जानना था। चलिए, इसी बहाने आपसे बात हो गई। आप प्लीज रणविजय से कह दीजिएगा कि घर फोन करके अपनी माँ से बात कर ले। वह क्या है न कि उसने कोई बुरा सपना देख लिया था, सो थोड़ा घबरा गई

थी और रणविजय की चिंता कर रही थी, अब फोन रखता हूँ। नमस्ते।" यह कहकर जागीर सिंह ने फोन काट दिया।

रणविजय फोन पर हुई सारी बातें सुन रहा था। वह आंटी को देखकर धीमे से मुसकरा दिया, मानो कहना चाह रहा हो कि आंटी आपने बहुत अच्छा किया, जो माँ-बाबूजी को मेरी सेहत के बारे में कुछ नहीं बताया। उसकी आँखों में कृतज्ञता साफ झलक रही थी। जवाब में आंटी भी मुसकरा दीं। उनकी मुसकान में एक आश्वासन था।

रणविजय के चढ़ते-उतरते हुए बुखार ने न तो उसे ही रात भर सोने दिया और न कमला आंटी ही सो सकीं। वे पूरी रात बेबस-सी रणविजय को एकटक निहारती रहीं। भोर होते-होते उन्हें जरा सी झपकी आई ही थी कि नर्स ने उनके हाथ में ब्लड टेस्ट की रिपोर्ट रखकर उनकी चिंता बढ़ा दी। "रिपोर्ट आ गई है। डेंगू ही है और थोड़ा सा इंफेक्शन भी है।" नर्स ने भावशून्य अंदाज में बताया जैसा कि मरीज के परिजनों को ऐसी बातें बताना उसका रोज का ही काम था।

रणविजय के चढ़ते-उतरते हुए बुखार ने न तो उसे ही रात भर सोने दिया और न कमला आंटी ही सो सकीं। वे पूरी रात बेबस-सी रणविजय को एकटक निहारती रहीं। भोर होते-होते उन्हें जरा सी झपकी आई ही थी कि नर्स ने उनके हाथ में ब्लड टेस्ट की रिपोर्ट रखकर उनकी चिंता बढ़ा दी। "रिपोर्ट आ गई है। डेंगू ही है और थोड़ा सा इंफेक्शन भी है।"

"अभी तीन-चार दिन और एडमिट रहना पड़ेगा, जिसके बाद पंद्रह दिन का बेड रेस्ट भी मरीज को लेना ही होगा। डॉक्टर साहब ने कहा है कि वे आज दवाई की डोज बढ़ा देंगे।" नर्स की बात सुनकर रणविजय चौंक पड़ा और उठने की कोशिश करने लगा, पर शरीर अभी साथ देने को तैयार नहीं था, नतीजतन खड़े होने की कोशिश में वह लड़खड़ा गया।

उसे पलंग से गिरता देख नर्स, कमला आंटी और वार्ड में मौजूद

अस्पताल का स्टाफ उसकी तरफ लपका और उसे उठाकर वापस बेड पर लिटाया। "यह क्या कर रहे हो? कुछ चाहिए तो हमसे बोलो।" नर्स ने रणविजय को हलके गुस्से से कहा।

"मुझे अभी घर जाना है। मुझे अभी घर जाना है। प्लीज मुझे जाने दो।" रणविजय ने लगभग रोते हुए नर्स से कहा।

"यह क्या हो गया है इसे?" नर्स ने कमला आंटी से पूछा।

"आप समझ नहीं रही हैं। मेरा मेंस का एग्जाम है कल और मैं न जाने कितने महीनों से इसी दिन का इंतजार कर रहा था। मैं आपके हाथ जोड़ता हूँ। मुझे जाने दो।"

"आप समझ नहीं रही हैं। मेरा मेंस का एग्जाम है कल और मैं न जाने कितने महीनों से इसी दिन का इंतजार कर रहा था। मैं आपके हाथ जोड़ता हूँ। मुझे जाने दो।"

आंटी को कुछ समझ नहीं आ रहा था कि वे क्या करें और रणविजय को कैसे समझाएँ। वे जानती थीं कि यह परीक्षा रणविजय के लिए क्या मायने रखती है।

"अपने आपको सँभालो, रणविजय! डॉक्टर को आने दो। उनसे बात करते हैं।" हालात को सँभालने की कोशिश करते हुए कमला आंटी ने रणविजय से कहा। अब तक पास खड़ी नर्स भी शायद कमला आंटी का इशारा समझ चुकी थी, इसलिए वह चुप ही रही और जल्दी ही डॉक्टर को वार्ड में भेज दिया।

□

भाग-10

"क्या बात है भाई? शोर क्यों मचा रहे हो? यह अस्पताल है, कोई सब्जी मंडी नहीं है।" डॉक्टर ने वार्ड में घुसते ही रणविजय को लगभग डपट दिया।

"डॉक्टर साहब! मैं माफी चाहता हूँ, लेकिन मैं क्या करूँ, कल मेरी मेंस की परीक्षा है और इस पल के लिए मैंने न जाने कब से इंतजार किया है। प्लीज, कुछ ऐसा कीजिए कि मैं बस कल परीक्षा दे पाऊँ। उसके बाद आप चाहे जितना मुझे अस्पताल में रख लीजिएगा।"

"भाई, न तो यह अस्पताल मेरा घर है और न ही तुम मेरे कोई रिश्तेदार हो, जो मैं तुम्हें यहाँ जबरदस्ती रोकूँगा। तबीयत तुम्हारी, शरीर तुम्हारा, जो मर्जी करो। मेरा काम है तुम्हें सही और गलत बताना। आगे तुम जानो और तुम्हारा काम।" डॉक्टर साहब ने कुछ खीजकर कहा।

"पर डॉक्टर साहब…" रणविजय को बीच में ही काटते हुए इस बार डॉक्टर साहब उसे समझाने के अंदाज में बोले, "पर-वर कुछ नहीं। जिंदा रहोगे तभी तो आगे कुछ करोगे। परीक्षा का क्या है? इस बार नहीं तो अगली बार दे देना, पर वह तुम्हारी जान से ज्यादा इंपोर्टेंट नहीं है। इसलिए तुम्हारे लिए बेहतर होगा कि चुपचाप बेड रेस्ट करो, ताकि तुम्हारी तबीयत पूरी तरह से ठीक हो सके और तुम अपने आपको अगली परीक्षा के लिए तैयार कर पाओ।"

"डॉक्टर साहब ठीक कह रहे हैं बेटा! अभी तुम्हें रेस्ट ही करना चाहिए," कमला आंटी भी कहने लगीं। "सब ठीक ही तो कह रहे हैं, रणविजय! जान है तो जहान है।" कामिनी, जो इस पूरे घटनाक्रम के दौरान अस्पताल पहुँच चुकी थी और पीछे चुपचाप खड़ी थी, बोल पड़ी।

सबको एक ही बात कहते देख रणविजय आगे कुछ नहीं बोल पाया और चुपचाप बेड पर लेटा रहा। उसका तन और उसका मन उसे अलग-अलग छोरों पर धकेल रहे थे। एक तरफ परीक्षा देने की उसकी असीम चाहत थी और दूसरी तरफ उसमें इतनी ताकत भी नहीं बची थी कि एक जगह खुद को 10 सेकंड तक खड़ा रख पाए। ऐसे में भला वह किसी से क्या जिरह या शिकायत करता। वह इस बारे में जितना ज्यादा सोचता उतनी ही घुटन महसूस कर रहा था, जब ये घुटन और दर्द हद से पार चले गए तो उसकी पीड़ा आँखों के कोरों से आँसुओं के रूप में बहने लगी। वह तो इस परीक्षा के बाद पता नहीं क्या-क्या सपने पाल बैठा था, मगर इस अनहोनी के आगे वह अपने सारे सपनों को मरता हुआ देख रहा था।

सबको एक ही बात कहते देख रणविजय आगे कुछ नहीं बोल पाया और चुपचाप बेड पर लेटा रहा। उसका तन और उसका मन उसे अलग-अलग छोरों पर धकेल रहे थे। एक तरफ परीक्षा देने की उसकी असीम चाहत थी और दूसरी तरफ उसमें इतनी ताकत भी नहीं बची थी कि एक जगह खुद को 10 सेकंड तक खड़ा रख पाए।

कामिनी के अस्पताल पहुँचने के बाद कमला आंटी कुछ देर के लिए घर आ गई थीं, ताकि नहा-धोकर कुछ खाने का सामान और पैसे लेकर वापस अस्पताल लौट सकें। इधर रणविजय के पास बैठी कामिनी रणविजय की आँखों को पढ़कर उसकी पीड़ा की थाह लेने की कोशिश कर रही थी। रणविजय का ध्यान बँटाने के लिए वह उसके साथ इधर-उधर की कितनी ही बातें कर रही थी, पर रणविजय को तो जैसे कुछ सुनाई ही नहीं दे रहा था।

वह इस साल परीक्षा नहीं दे पाएगा, बस यही सोच-सोचकर उसका दिल बैठा जा रहा था। उसे न तो कुछ दिखाई दे रहा था और न ही कुछ सुनाई। अपनी बेबसी के कारण न चाहते हुए भी उसका मन कामिनी, कमला आंटी और डॉक्टर के प्रति चिढ़ से भर गया था।

बिस्तर पर लेटे-लेटे गाँव से शहर आने तक का उसका पूरा जीवन उसकी आँखों के आगे किसी चलचित्र की तरह घूमने लगा। वह याद करने लगा कि उसने और खासतौर पर उसके माता-पिता ने इस परीक्षा के लिए क्या-क्या कष्ट नहीं उठाए थे। पिताजी ने न जाने किस-किस से कर्जे लिये, ताकि वह जल्द ही पढ़ाई पूरी करके अपने सुनहरे भविष्य का सपना साकार कर सके, पर आज हालात के चलते उसके सपने उसके हाथों से छूटे चले जा रहे थे।

बिस्तर पर लेटे-लेटे गाँव से शहर आने तक का उसका पूरा जीवन उसकी आँखों के आगे किसी चलचित्र की तरह घूमने लगा। वह याद करने लगा कि उसने और खासतौर पर उसके माता-पिता ने इस परीक्षा के लिए क्या-क्या कष्ट नहीं उठाए थे।

वह सोच रहा था कि आखिर क्या जवाब देगा अपने माँ-बाबूजी को कि वह क्यों इस बार मेंस का एग्जाम नहीं दे सका? यह जानकर उनके दिल पर क्या बीतेगी? वह इसी सोच में डूबा था कि संजय की आवाज से उसकी विचार-शृंखला भंग हो गई।

"अब तबीयत कैसी है? रिपोर्ट आ गई क्या? डॉक्टर ने क्या कहा?" संजय ने बेचैनी में एक साथ दो-तीन सवाल कामिनी से पूछ डाले।

"रिपोर्ट्स आ गई हैं। डेंगू ही है और थोड़ा सा ब्लड इन्फेक्शन भी है। डॉक्टर कह रहे थे कि अभी तीन-चार दिन और रखेंगे अस्पताल में और उसके बाद पंद्रह दिन का बेड रेस्ट भी लेना होगा," कामिनी ने बताया।

यह सुनकर संजय के चेहरे पर भी चिंता की लकीरें उभर आईं, पर उन्हें छिपाते हुए वह रणविजय की तरफ मुड़ा और कहा कि तुम जरा भी टेंशन

मत लेना। हम लोग हैं न यहाँ। कुछ जरूरत पड़े तो मुझे बता देना। मैं अभी ऑफिस के लिए निकल ही रहा था तो सोचा तुमसे मिलता चलूँ। शाम को फिर आऊँगा। यह कहते हुए उसने कामिनी और रणविजय को बाय किया और बाहर निकल गया।

इधर कल ऑफिस से जल्दी निकल जाने और आज भी ऑफिस न पहुँचने पर कामिनी का बॉस भी बिगड़ रहा था। उसने फोन करके कामिनी को तुरंत ऑफिस आ जाने को कहा था। कामिनी बड़ी उलझन में थी कि क्या करे? आखिर रणविजय को अस्पताल में अकेले छोड़कर भी तो नहीं जा सकती थी और आंटी भी अब तक अस्पताल वापस नहीं आई थीं, तभी जैसे भगवान् ने उसकी उलझन कुछ कम कर दी। सामने से आंटी आ रही थीं। आंटी को रणविजय के हालचाल देने के बाद ही कामिनी ने बताया कि ऑफिस नहीं पहुँचने के कारण कैसे उसका बॉस उस पर नाराज हो रहा था।

"अरे! कोई बात नहीं। मैं आ गई हूँ न। अब तुम चली जाओ। मैं तो कल सुबह तक का इंतजाम करके आई हूँ। तुम्हें परेशान होने की जरूरत नहीं है।" आंटी की बात सुनकर कामिनी को हिम्मत मिली और वह भी रणविजय से विदा लेकर ऑफिस के लिए रवाना हो गई।

"अरे! कोई बात नहीं। मैं आ गई हूँ न। अब तुम चली जाओ। मैं तो कल सुबह तक का इंतजाम करके आई हूँ। तुम्हें परेशान होने की जरूरत नहीं है।" आंटी की बात सुनकर कामिनी को हिम्मत मिली और वह भी रणविजय से विदा लेकर ऑफिस के लिए रवाना हो गई।

रणविजय काफी देर से जागा हुआ था और लेटे-लेटे सब देख-सुन रहा था। पर अब उसका सिर काफी भारी हो रहा था। उसने दुबारा आँखें बंद कर लीं और सोने की कोशिश करने लगा। थोड़ी देर में ही उसे नींद आ गई, जब दुबारा उसकी नींद खुली तो उसने देखा कि आंटी पास रखे स्टूल पर बैठी हैं

और उन्होंने अपना सिर उसके पलंग के सिरहाने पर टिकाया हुआ है।

उन्हें शायद अभी-अभी झपकी आई थी। उन्हें ऐसे सोता देखकर रणविजय को उन पर दया और इस बेबसी के लिए खुद पर गुस्सा आ रहा था कि आखिर क्यों वह इन सब पर बोझ बन गया है!

एक बुजुर्ग महिला कल रात से बिना सोए उसकी सेवा में ऐसे लगी हैं, जैसे वह उनका अपना बेटा हो, तभी उसे याद आया कि उसके माता-पिता उसके फोन का इंतजार कर रहे होंगे। उसने अपने पिता को फोन मिलाने के लिए किसी तरह हाथ बढ़ाया ही था कि तभी फोन की घंटी बज उठी। बाबूजी का ही फोन था। दिल से दिल के तार जुड़े होना शायद इसी को कहते हैं।

एक बुजुर्ग महिला कल रात से बिना सोए उसकी सेवा में ऐसे लगी हैं, जैसे वह उनका अपना बेटा हो, तभी उसे याद आया कि उसके माता-पिता उसके फोन का इंतजार कर रहे होंगे। उसने अपने पिता को फोन मिलाने के लिए किसी तरह हाथ बढ़ाया ही था कि तभी फोन की घंटी बज उठी।

"बाबूजी प्रणाम," रणविजय ने कहा।

"खुश रहो लल्ला! यह तुम्हारी आवाज को क्या हुआ है? तबीयत तो ठीक है?"

"हाँ, पिताजी। तबीयत तो बिल्कुल ठीक है, पर कल कोचिंग की स्पेशल क्लास थी तो घर लौटते-लौटते देर हो गई, इसलिए अभी तक सो ही रहा था," रणविजय ने बताया।

"कोई बात नहीं। नींद पूरी कर लो। बाद में बात कर लेंगे।" जागीर सिंह ने कहा।

"ठीक है पिताजी, प्रणाम!" कहते हुए रणविजय ने फोन काट दिया, पर माँ-बाप का दिल माँ-बाप का ही होता है। रणविजय की आवाज सुनकर

जागीर सिंह को समझ आ गया था कि सबकुछ सामान्य नहीं है, मगर उस वक्त रणविजय से इस बारे में ज्यादा बात करने के बजाय उन्होंने फोन रखना ही बेहतर समझा।

रणविजय को अस्पताल में पूरे चार दिन बीत चुके थे। आज रणविजय को अस्पताल से छुट्टी मिलनेवाली थी। रणविजय की हालत पहले से काफी ठीक थी, पर उसे अफसोस था कि वह परीक्षा नहीं दे पाया था, अभी कमला आंटी और कामिनी सामान समेट ही रहे थे कि संजय टैक्सी लेकर आ गया।

रणविजय को अस्पताल में पूरे चार दिन बीत चुके थे। आज रणविजय को अस्पताल से छुट्टी मिलनेवाली थी। रणविजय की हालत पहले से काफी ठीक थी, पर उसे अफसोस था कि वह परीक्षा नहीं दे पाया था, अभी कमला आंटी और कामिनी सामान समेट ही रहे थे कि संजय टैक्सी लेकर आ गया।

"टैक्सी आ गई है। चलो चलें।" संजय ने कहा।

"चलते हैं। बस एक बार डॉक्टर साहब से मिल लें," कामिनी बोली।

तभी वहाँ डॉक्टर साहब आ गए। "इनकी तबीयत अब पहले से काफी बेहतर है। बस बेड रेस्ट का ध्यान जरूर रखना और कई दिनों तक बाहर का खाना तो बिल्कुल मत खाना," डॉक्टर साहब ने कहा।

डॉक्टर साहब की नसीहत के साथ रणविजय वापस अपने घर आ गया। पूरे पाँच दिन बाद वह वापस अपने कमरे में था। यह पहली दफा था, जब संजय और कामिनी भी एक साथ उसके घर आए थे। उन तीनों को बैठने के लिए कहकर आंटी चाय बनाने चली गईं।

"एग्जाम तो छूट ही गया है, पर ऑफिस का क्या होगा ?" रणविजय ने संजय से पूछा।

"डोंट वरी यार! मैंने तुम्हारी मेडिकल लीव बॉस से पहले ही सेंक्शन करवा दी है। तुम आराम से तबीयत ठीक करके ऑफिस दोबारा जॉइन कर

सकते हो।" संजय ने रणविजय को तसल्ली दी।

"थैंक यू भाई," कहते हुए रणविजय मुसकरा दिया।

अगला सवाल उसने कामिनी से किया, "मुझे अब आगे क्या करना चाहिए?"

"वही जिसका सपना आधी दुनिया देखती है," कामिनी ने स्ट्रेट फेस के साथ कहा।

"मतलब!" रणविजय ने हैरान होते हुए पूछा।

"मतलब बिस्तर पर पड़े-पड़े आराम करना चाहिए," कामिनी ने मुसकराते हुए जवाब दिया।

"अरे बाबा! मैं अपनी नहीं, सिविल सर्विसेज की तैयारी के बारे में बात कर रहा हूँ, अब उसका क्या करना है?"

उसने कहा, "उसमें क्या रखा है? यू आर ऑलरेडी प्रिपेयर्ड। पहले से ही काफी अच्छी तैयारी है, जब भी अगली परीक्षा आए, बैठ जाना उसमें। फिलहाल अभी तक जितना पढ़ा है, उसे रिवाइज करते रहो।"

"अरे बाबा! मैं अपनी नहीं, सिविल सर्विसेज की तैयारी के बारे में बात कर रहा हूँ, अब उसका क्या करना है?"
उसने कहा, "उसमें क्या रखा है? यू आर ऑलरेडी प्रिपेयर्ड। पहले से ही काफी अच्छी तैयारी है, जब भी अगली परीक्षा आए, बैठ जाना उसमें। फिलहाल अभी तक जितना पढ़ा है, उसे रिवाइज करते रहो।"

इसके बाद वे तीनों इधर-उधर की बातों में मशगूल हो गए, तभी आंटी चाय लेकर कमरे में दाखिल हुईं। आंटी को चाय लेकर आते देख कामिनी ने तुरंत उनके हाथ से ट्रे ले ली, वहीं संजय अचानक खड़ा हो गया और बोला, "आंटी, माफी चाहता हूँ। अभी-अभी मैसेज आया है। मुझे एक जरूरी काम है, इसलिए तुरंत निकलना पड़ेगा। आपके हाथ की चाय फिर किसी दिन पीने आऊँगा।"

आंटी ने मनुहार की, पर संजय का फोन फिर से बज उठा और उसे तुरंत निकलना पड़ा। चाय पीने के बाद आंटी ने तीनों का खाना बनाया। कामिनी शाम तक रणविजय के साथ ही रही।

शाम को कामिनी के लौटने के बाद आंटी ने रणविजय से कहा, "यह लड़की बड़ा ध्यान रखती है तुम्हारा। ये तुम्हारी फ्रेंड ही है या कोई स्पेशल फ्रेंड है!"

"...नहीं-नहीं, आंटी। ऐसी कोई बात नहीं है। आपके हाथ के बनाए खाने के अलावा मेरी जिंदगी में कुछ भी स्पेशल नहीं है।" रणविजय ने हलकी मुसकान के साथ जवाब दिया।

"अरे, जाओ-जाओ...ज्यादा बातें मत बनाओ," इतना कहकर आंटी अपने कमरे में जाने के लिए मुड़ गईं, पर तभी फिर से रणविजय की तरफ पलटकर बोलीं, "अगर रात में कुछ जरूरत पड़े तो मुझे फोन कर देना। संकोच मत करना।"

इससे पहले कि आंटी उसके और कामिनी के रिश्ते के बारे में और कोई सवाल पूछें, रणविजय ने भी फौरन 'जी आंटी' बोलकर बात खत्म कर दी।

"अरे, जाओ-जाओ... ज्यादा बातें मत बनाओ," इतना कहकर आंटी अपने कमरे में जाने के लिए मुड़ गईं, पर तभी फिर से रणविजय की तरफ पलटकर बोलीं, "अगर रात में कुछ जरूरत पड़े तो मुझे फोन कर देना। संकोच मत करना।" इससे पहले कि आंटी उसके और कामिनी के रिश्ते के बारे में और कोई सवाल पूछें, रणविजय ने भी फौरन 'जी आंटी' बोलकर बात खत्म कर दी।

अगले कुछ दिन रणविजय ने पूरी तरह घर पर ही आराम किया। कामिनी ने ऑफिस से कुछ दिन की छुट्टी ले ली थी। वह रोज सुबह रणविजय के पास आ जाती, दिन भर उसका ध्यान रखती और देर शाम वापस चली जाती। संजय को भी जब मौका मिलता, वह भी रणविजय के हालचाल पूछने आ जाता। कामिनी के साथ और आंटी की

सेवा से रणविजय हफ्तेभर में अच्छा महसूस करने लगा। वह तो ऑफिस भी जॉइन करना चाहता था, पर आंटी ने उसे ऐसा करने नहीं दिया। उन्होंने उसे समझाया कि डॉक्टर ने पंद्रह दिन के रेस्ट के लिए कहा था। सात दिन बीत चुके हैं, बस एक ही हफ्ते की तो बात और है।

पूरी तरह ठीक महसूस करने के बाद भी रणविजय को बेड रेस्ट करना पड़ रहा था। यह तो अच्छा था कि कामिनी रोज आ जाती थी, वरना तो टाइम काटना भी मुश्किल था। हालत यह हो चुकी थी कि अगर कामिनी को आने में थोड़ी सी भी देर हो जाती तो रणविजय बहुत बेचैन हो जाता और पिंजरे में बंद किसी पक्षी की भाँति तड़प उठता।

पूरी तरह ठीक महसूस करने के बाद भी रणविजय को बेड रेस्ट करना पड़ रहा था। यह तो अच्छा था कि कामिनी रोज आ जाती थी, वरना तो टाइम काटना भी मुश्किल था। हालत यह हो चुकी थी कि अगर कामिनी को आने में थोड़ी सी भी देर हो जाती तो रणविजय बहुत बेचैन हो जाता और पिंजरे में बंद किसी पक्षी की भाँति तड़प उठता। शाम को भी उसका मन करता कि कामिनी ज्यादा-से-ज्यादा देर उसके पास ही बैठी रहे। कामिनी की हालत भी कुछ अलग नहीं थी। हर दिन उससे मिलने आने के लिए वह खासतौर पर सजती-सँवरती और शाम को भी उसकी कोशिश होती कि ज्यादा-से-ज्यादा समय रणविजय के पास ही बिताया जाए।

कमला आंटी की अनुभवी आँखें सब देख रही थीं और वे वह सब समझ गई थीं, जो वे दोनों खुद भी अब तक नहीं समझ पाए थे। एक दिन शाम को कामिनी के जाने के बाद वे रणविजय को लगभग डपटते हुए बोलीं कि कामिनी का यूँ रोज-रोज आना ठीक नहीं है और तुम्हारी तबीयत भी इतनी खराब नहीं है कि तुम्हें पूरा दिन उसकी जरूरत पड़े।

आंटी के यूँ अचानक टोक देने से रणविजय तिलमिला-सा गया और

ऐसा कुछ बोल गया, जो उसे नहीं बोलना चाहिए था। उसने कहा कि आंटी, अगर आपको ज्यादा दिक्कत हो तो मैं रूम चेंज कर लेता हूँ। रणविजय के इस जवाब से आंटी को धक्का लगा। उन्होंने सोचा कि क्या यह ऐसा ही जवाब अपनी माँ को भी देता होगा, शायद मैं ही भूल गई थी कि मैं उसकी माँ नहीं हूँ। मकान मालकिन ही तो हूँ। मेरी ही गलती है, जो मैं उस पर जरूरत से ज्यादा हक जमा रही थी। यह सब सोचते हुए आंटी वहाँ से उठीं और बिना कुछ बोले अपने कमरे में लौट आईं। उनका मन इतना दुःखी था कि वे बिना खाना खाए ही सो गईं।

इधर रणविजय को भी पछतावा हो रहा था। उसे लग रहा था कि उसने अनजाने में वह कह दिया है, जो उसने कभी सपने में भी नहीं सोचा था। वह खुद से सवाल करने लगा था कि आखिर बीमारी के वक्त आंटी ने पैसे से लेकर हर तरह से उसका कितना खयाल रखा था, अगर वह माँ की तरह खयाल रख सकती हैं तो क्या माँ की तरह निजी जिंदगी में दखल नहीं दे सकतीं? उसे अहसास था कि कमरा बदलने की बात बोलकर उसने आंटी का बुरी तरह से दिल दुखा दिया है, मगर उसे समझ नहीं आ रहा था कि अब चीजों को कैसे सुधारे?

इधर रणविजय को भी पछतावा हो रहा था। उसे लग रहा था कि उसने अनजाने में वह कह दिया है, जो उसने कभी सपने में भी नहीं सोचा था। वह खुद से सवाल करने लगा था कि आखिर बीमारी के वक्त आंटी ने पैसे से लेकर हर तरह से उसका कितना खयाल रखा था, अगर वह माँ की तरह खयाल रख सकती हैं तो क्या माँ की तरह निजी जिंदगी में दखल नहीं दे सकतीं?

वह आंटी से अपने बरताव के बारे में सोच ही रहा था कि तभी कामिनी कमरे में दाखिल हुई। थोड़ी देर में ही वह कामिनी के साथ बातों में मशगूल हो गया, लेकिन कहीं-न-कहीं उसे रात की बात बहुत कचोट रही थी, इसलिए उसने न चाहते हुए भी कामिनी को सारा वाकया कह सुनाया। आँसुओं को

छिपाने की पूरी कोशिश के बावजूद उसकी आँखें छलक ही आईं। कामिनी उसे यूँ रोते न देख पाई और सांत्वना देने के लिए उसे गले से लगा लिया।

उम्र के इस पड़ाव पर यौवन उस अंगारे की तरह होता है, जो अंदर-ही-अंदर सुलगता रहता है और हलकी सी हवा पाते ही धधक उठता है। फर्क बस इतना होता है कि किसी को यह हवा देर से मिलती है और किसी को वक्त से पहले। कामिनी से गले लगते ही रणविजय को मानो वह हवा मिल चुकी थी। उसने कामिनी की बाँहों में बहकना शुरू कर दिया था। कामिनी अच्छे से समझती थी कि इसका अंजाम क्या हो सकता था और अगर उसने तुरंत रणविजय को नहीं रोका तो आनेवाले वक्त की सूरत क्या हो सकती थी। यह सब समझते हुए भी वह रणविजय को रोक न पाई, आखिर उसका खुद पर भी नियंत्रण कहाँ रह गया था। आज न रणविजय रुकना चाहता था और न ही कामिनी उसे रोकना चाहती थी।

उम्र के इस पड़ाव पर यौवन उस अंगारे की तरह होता है, जो अंदर-ही-अंदर सुलगता रहता है और हलकी सी हवा पाते ही धधक उठता है। फर्क बस इतना होता है कि किसी को यह हवा देर से मिलती है और किसी को वक्त से पहले।

अपने आपको एक-दूसरे को पूरी तरह सौंपने के बाद अब रणविजय और कामिनी वर्तमान में लौट चुके थे।

"अब आगे क्या होगा?" काफी देर की खामोशी के बाद कामिनी ने पूछा।

"होना क्या है? वही होगा जो प्यार में होता है।"

"प्यार! वह कब हुआ? तुमने तो कभी बताया नहीं," कामिनी ने आश्चर्य से पूछा।

"कामिनीजी, वह प्यार ही क्या, जिसके बारे में बताना पड़े, अगर मेरी नजरें मेरे प्यार के बारे में आपको नहीं बता पाईं तो मेरी जबान तो भला क्या

ही बताती!" रणविजय ने शायराना अंदाज में चुटकी ली।

"अच्छा जी, मगर वह प्यार ही क्या, जिसको जबान इजहार के लायक ही न समझे," कामिनी ने शिकायती लहजे में कहा।

"तो बताइए, क्या सुनना है आपको?" रणविजय ने हक जताते हुए पूछा।

"जाहिर है, प्यार में लोग 17 का पहाड़ा तो सुनाते नहीं," कामिनी ने टाँग खींचनेवाले लहजे में कहा।

"तो क्या छोटा ए.बी.सी. सुनाते हैं," रणविजय ने भी चुटकी ली।

"नहीं जनाब, छोटा ए.बी.सी. नहीं सुनाते, लेकिन अंग्रेजी के वे तीन शब्द जरूर सुनाते हैं, जिनका संगीत आत्मा के गाल सहला देता है," कामिनी बोली।

यह सुनते ही रणविजय ने पहेलियाँ बुझाना बंद कर कामिनी का हाथ थाम सीधे 'आई लव यू' बोल दिया।

"नहीं जनाब, छोटा ए.बी. सी. नहीं सुनाते, लेकिन अंग्रेजी के वे तीन शब्द जरूर सुनाते हैं, जिनका संगीत आत्मा के गाल सहला देता है," कामिनी बोली।

यह सुनते ही रणविजय ने पहेलियाँ बुझाना बंद कर कामिनी का हाथ थाम सीधे 'आई लव यू' बोल दिया।

रणविजय के मुँह से 'आई लव यू' सुनकर कामिनी एकदम से भावुक हो गई। उसने भी फौरन रणविजय का हाथ थामते हुए उन्हीं तीन शब्दों को दोहराते हुए मोहब्बत के उस रिश्ते पर अपनी मुहर लगा दी।

□

भाग-11

प्यार में होने से ज्यादा खूबसूरत चीज पूरी दुनिया में और कोई नहीं। अमृता प्रीतम ने एक बार कहा था, मुझे लगता है कि मैंने जिंदगी में उतने ही दिन जिए, जितने दिन मैं प्यार में थी। प्यार दुनिया की हर शह को अपने रंग में रँग देता है। प्यार दुनिया की हर चीज को अपना संगीत दे देता है और यह प्यार ही है जब प्रकृति की हर अदा आपको अपने ही प्यार का उत्सव मनाती लगती है।

कामिनी से अपने प्यार का इजहार करने के बाद रणविजय की दुनिया भी प्यार के इसी असर में डूब गई थी। कुछ दिनों बाद उसने ऑफिस भी जॉइन कर लिया, पर जब भी वह अकेला होता, उस दिन आंटी को दिए अपने जवाब के कारण अपराधबोध से ग्रस्त हो जाता, पर अगले ही पल अपने कामों में व्यस्त हो जाता।

ऑफिस दुबारा जॉइन करने के बाद उसने देखा कि संजय ने उसके सारे पेंडिंग काम खत्म कर दिए थे। संजय बहुत ही मददगार स्वभाव का था। रणविजय के ऑफिस जॉइन कर लेने के बाद भी वह अकसर उसका हाथ बँटाने उसकी डेस्क पर आ जाया करता था, ताकि रणविजय को काम का कम-से-कम स्ट्रेस हो। एक दिन जब रणविजय और संजय दोनों लंच टाइम में ऑफिस कैंटीन में बैठे थे तो संजय ने रणविजय से कामिनी के बारे में पूछ लिया, "यार, सही-सही बता। तेरा और कामिनी का कुछ चल रहा है क्या?"

"ऐसा तो कुछ नहीं है, पर तू अचानक यह सब क्यों पूछ रहा है?" रणविजय ने जवाब दिया।

"नहीं, मैं तो बस ऐसे ही पूछ रहा था। दरअसल हमारे एक जाननेवाले अंकलजी अपने बेटे के लिए लड़की खोज रहे हैं। उन्हें कामिनी की तरह ही आत्मनिर्भर, पर घरेलू लड़की की तलाश है तो सोच रहा हूँ कि जब तेरा ऐसा कोई सीन ही नहीं है तो अंकल को कामिनी के बारे में बता देता हूँ। क्या पता उन्हें अपने बेटे के लिए कामिनी पसंद आ जाए और कामिनी का घर बस जाए," संजय बोला।

नहीं, मैं तो बस ऐसे ही पूछ रहा था। दरअसल हमारे एक जाननेवाले अंकलजी अपने बेटे के लिए लड़की खोज रहे हैं। उन्हें कामिनी की तरह ही आत्मनिर्भर, पर घरेलू लड़की की तलाश है तो सोच रहा हूँ कि जब तेरा ऐसा कोई सीन ही नहीं है तो अंकल को कामिनी के बारे में बता देता हूँ।

रणविजय इतना सुनते ही बौखला-सा गया और कुछ ताव खाकर संजय से बोला, "अंकल के बेटे का घर बसाने के चक्कर में तू मेरा घर क्यों बरबाद कर रहा है भाई!"

"वाह! बेटा, जब सीधे तरीके से पूछ रहा था तो बताने में दिक्कत हो रही थी, जैसे ही उँगली टेढ़ी की, तोते की तरह कैसे पट-पट बोलने लगा!"

"वह क्या है न यार, अभी माँ-बाबूजी से बात नहीं हुई है। इसलिए कुछ कहना ठीक नहीं लगा।" रणविजय ने अपने आपको सँभालते हुए कहा।

"कोई बात नहीं। मानेंगे, माँ-बाबूजी भी मानेंगे, तू टेंशन न ले," संजय ने कहा।

संजय की यह बात सुनकर रणविजय को भी कुछ बल मिला और वह संजय से बोला, "सोच रहा हूँ, क्यों न छुट्टी लेकर माँ-बाबूजी से मिल आऊँ और लगे हाथ उन्हें कामिनी के बारे में भी बता दूँ, वैसे भी परीक्षा में अभी काफी टाइम है।"

"आइडिया बुरा नहीं है," संजय ने कहा।

रणविजय की कड़ी मेहनत और लगन के चलते उसे ऑफिस में यह साबित करने में ज्यादा समय नहीं लगा कि वह न सिर्फ एक हार्ड वर्कर है, बल्कि स्मार्ट वर्कर भी है। कुछ ही समय में रणविजय को आउट ऑफ टर्न प्रमोशन भी मिल गया था। प्रमोशन के बाद रणविजय ने अपने बॉस से एक हफ्ते की छुट्टी माँगी, ताकि वह अपने माता-पिता से मिलने गाँव जा सके।

बॉस को उसका परफॉर्मेंस देखते हुए काफी टाइम बीत चुका था और उन्हें रणविजय की क्षमता और नीयत पर कोई शक नहीं था। वे जानते थे कि अगर रणविजय एक हफ्ते की छुट्टी माँग रहा है तो वापस आकर अपना सारा पेंडिंग काम तो निपटा ही लेगा, बल्कि आगे का काम भी दुगुने उत्साह से करेगा। इसलिए उन्होंने तुरंत उसकी छुट्टी सेंक्शन कर दी।

बॉस को उसका परफॉर्मेंस देखते हुए काफी टाइम बीत चुका था और उन्हें रणविजय की क्षमता और नीयत पर कोई शक नहीं था। वे जानते थे कि अगर रणविजय एक हफ्ते की छुट्टी माँग रहा है तो वापस आकर अपना सारा पेंडिंग काम तो निपटा ही लेगा, बल्कि आगे का काम भी दुगुने उत्साह से करेगा। इसलिए उन्होंने तुरंत उसकी छुट्टी सेंक्शन कर दी।

कामिनी को सारी बातें बताने के बाद उसने दिल्ली से एक हफ्ते के लिए विदा ली। घर से निकलते समय वह आंटी से मिलना चाहता था, पर आमना-सामना होने पर भी आंटी ने उसे ऐसे नजरअंदाज कर दिया, जैसे वे उसे जानती ही न हों। आंटी का यह रुख देख उसकी भी उनसे बात करने की हिम्मत नहीं पड़ी, फिर उसने सोचा कि उसके लौटने तक आंटी का गुस्सा शांत हो जाएगा, वह तब उन्हें मना लेगा और ऑटो स्टैंड की तरफ बढ़ गया।

एक बार फिर वह उसी ट्रेन से अपने घर जा रहा था, जिससे कुछ समय

पहले दिल्ली आया था। ट्रेन, मुसाफिर, राहें, मंजिल सबकुछ वही था, अगर कुछ बदल गया था तो बस हालात। लगभग बारह घंटे का सफर तय करने के बाद अब वह अपने गाँव से कुछ दूर स्थित रेलवे स्टेशन पर खड़ा था। उसने अपने आने की खबर पहले से पिताजी को नहीं दी थी, वरना कोई-न-कोई उसे लेने रेलवे स्टेशन आ जाता। वह किसी को परेशान नहीं करना चाहता था। स्टेशन पहुँचकर उसने एक गाड़ी किराए पर ली और गाड़ीवाले को अपने घर का पता समझाकर आराम से पिछली सीट पर चौड़ा हो गया।

गाँव की सड़कें अब भी वैसी-की-वैसी ही थीं। हाँ, नहरों में पानी जरूर सूख गया था। कुछ देर में उसे प्यास लगी तो उसने ड्राइवर से गाड़ी रोकने को कहा। थोड़ी देर बाद गाड़ी एक छोटी-सी झोंपड़ी के सामने बनी दुकान पर रुकी, जिस पर एक काफी बूढ़ा व्यक्ति बैठा था। दुकान में शीशे के चार बड़े-बड़े जार करीने से लगे थे, जिनमें अलग-अलग तरह के बिस्कुट भरे हुए थे।

गाँव की सड़कें अब भी वैसी-की-वैसी ही थीं। हाँ, नहरों में पानी जरूर सूख गया था। कुछ देर में उसे प्यास लगी तो उसने ड्राइवर से गाड़ी रोकने को कहा। थोड़ी देर बाद गाड़ी एक छोटी-सी झोंपड़ी के सामने बनी दुकान पर रुकी, जिस पर एक काफी बूढ़ा व्यक्ति बैठा था। दुकान में शीशे के चार बड़े-बड़े जार करीने से लगे थे, जिनमें अलग-अलग तरह के बिस्कुट भरे हुए थे। दुकान में मिट्टी का एक काउंटर-सा बना था जिसमें एक इनबिल्ट भट्ठी थी। नीचे लकड़ी डालने का रास्ता बना हुआ था। उसके ऊपर एक बेहद पुरानी एल्युमिनियम की देगची चढ़ी हुई थी।

साल-दर-साल भट्ठी पर चढ़-चढ़कर देगची काली पड़ गई थी, पर उसका कालापन उसके अनुभव की कहानी कह रहा था। उसी देगची से कुछ दूर लोहे की एक बालटी में पानी भरा हुआ था। पानी निकालने के लिए बालटी के अंदर एक छोटा-सा लोटा भी था। पानी पीते हुए रणविजय

का ध्यान बुजुर्ग दुकानदार पर गया। उसकी आँखों से अपार संतोष झलक रहा था। अचानक उसने बिना कुछ कहे जार से एक बिस्कुट निकालकर रणविजय की तरफ बढ़ा दी।

"नहीं-नहीं, इसकी कोई जरूरत नहीं। मैं तो सिर्फ पानी पीने आया था।" रणविजय ने कहा।

"इस मौसम में खाली पेट पानी नहीं पीते। तबीयत खराब हो जाती है। यह खा लो।"

रणविजय ने बिस्कुट ले ली और सोचने लगा कि दुकानदार भी लोगों को बेवकूफ समझते हैं। मीठी-मीठी बातें करके आखिर मुझे बिस्कुट चिपका ही दी। पैंट से बटुआ निकालने के लिए वह अपनी दाहिनी जेब टटोलने लगा, जब से कामिनी ने उससे कहा था कि पैंट की पीछेवाली जेब में बटुआ रखने की आदत बदल लो। यह दिल्ली है। यहाँ कभी भी जेब कट सकती है, तभी से उसने बटुआ दाहिनी जेब में रखने की आदत बना ली थी। कामिनी की याद आते ही उसके चेहरे पर बरबस ही मुसकान आ गई।

रणविजय ने बिस्कुट ले ली और सोचने लगा कि दुकानदार भी लोगों को बेवकूफ समझते हैं। मीठी-मीठी बातें करके आखिर मुझे बिस्कुट चिपका ही दी। पैंट से बटुआ निकालने के लिए वह अपनी दाहिनी जेब टटोलने लगा, जब से कामिनी ने उससे कहा था कि पैंट की पीछेवाली जेब में बटुआ रखने की आदत बदल लो।

उसने दुकानदार से बिस्कुट के पैसे पूछे जिस पर उन्होंने कहा कि अरे बेटा! कैसी बात करते हो? हमारे यहाँ मेहमानों को खाली पानी देने का रिवाज नहीं है। यह कहते हुए वे दुकान पर आए दूसरे ग्राहकों के लिए चाय बनाने में व्यस्त हो गए। रणविजय अपनी सोच पर काफी शर्मिंदा हुआ। वह अपनी छोटी सोच के लिए खुद को लानत दे रहा था।

कुछ देर बाद ही वह मोड़ भी आ गया, जहाँ से गाड़ी आगे ले जाना

संभव नहीं था। गाड़ीवाले का हिसाब-किताब करके उसने कंधे पर बैग डाला और बचा सामान यूँ ही हाथ में उठा लिया, अभी वह कुछ ही दूर चला था कि सामने से नारायण चाचा का छोटा बेटा लल्लू सिर पर अँगोछा बाँधे आता दिखाई दिया।

रणविजय को देखते ही लल्लू उत्साह से चिल्लाया, "भइया, आप अचानक? अरे! ऐसे देख क्या रहे हैं? हमें भूल गए क्या? हम लल्लू हैं, आपके नारायण चाचा के छोटे बेटे।"

"अरे! यह कैसी बात कर रहे हो? हम तुमको भूल जाएँ, यह भी कभी हो सकता है?" कहते हुए रणविजय ने लल्लू को गले लगा लिया। लल्लू ने भी छोटे भाई होने का फर्ज निभाते हुए रणविजय का सारा बोझ खुद उठा लिया।

"अरे! यह कैसी बात कर रहे हो? हम तुमको भूल जाएँ, यह भी कभी हो सकता है?" कहते हुए रणविजय ने लल्लू को गले लगा लिया। लल्लू ने भी छोटे भाई होने का फर्ज निभाते हुए रणविजय का सारा बोझ खुद उठा लिया।

लल्लू रणविजय से यही कोई एक-डेढ़ साल छोटा था। उस मोड़ से रणविजय के घर का सफर यही कोई पाँच से सात मिनट का था, पर इन्हीं चंद मिनटों में उसने लल्लू के साथ मानो कई साल से भी ज्यादा की यादें ताजा कर ली थीं।

□

भाग-12

रणविजय सिंह की कहानी थोड़ी लंबी जरूर थी पर दिलचस्प होने के कारण मैं उसे चाहकर भी रोक नहीं पा रहा था। मैं सुनता जा रहा था और वह बोलता जा रहा था। मन चाहता था कि भले ही पूरी रात लग जाए, पर आज रणविजय जैसे जहीन लड़के से उसके जेल तक पहुँचने की सारी कहानी जान लूँ, लेकिन एक बार फिर मुलाकात का वक्त खत्म हो गया था, सो मजबूरन मुझे विदा लेनी पड़ी। रणविजय और स्टाफ, दोनों को ही अगले दिन सुबह साढ़े नौ बजे फिर से आने का बोलकर मैं वहाँ से चला गया।

एक तरफ मैं रणविजय सिंह का मामला समझने में लगा था, दूसरी तरफ मेरे सहयोगी बाकी कैदियों की मदद कर रहे थे। रास्ते में जेलर साहब से थोड़ी बातचीत करने के बाद मैं घर के लिए गाड़ी में बैठ गया और एक बार फिर गाड़ी में बैठने पर ही मुझे याद आया कि आज भी मैंने लंच मिस कर दिया था! घर पहुँचकर फ्रेश होने के बाद खाने की टेबल पर बैठा ही था कि पिताजी भी मेरे साथ बैठकर बातचीत करने लगे। वे जानना चाहते थे कि मुझे दो दिन से खाने-पीने में देर क्यों हो जाती है। मैंने उन्हें रणविजय के बारे में बताया। उनसे बात करके मैं भी थोड़ा हलका महसूस कर रहा था।

गाहे-बगाहे मुझे रणविजय का खयाल आ ही जाता था। उसके सुनाए सारे किस्से दिमाग में कौंध जाते थे। बीमारी की वजह से रणविजय के यू.पी. एस.सी. की मुख्य परीक्षा न दे पाने का मुझे भी मलाल हो रहा था। साथ ही इस बात की खुशी थी कि मुश्किल की उस घड़ी में उसके साथ कामिनी और

संजय जैसे दोस्त भी थे, लेकिन कमला आंटी के साथ किए उसके बरताव पर मुझे गुस्सा आ रहा था पर इस बारे में मैंने उसे बीच में टोकना ठीक नहीं समझा।

अगली सुबह मैं एक बार फिर 'चक्कर' पर बैठा था और दिनों से अलग आज मैं घर से ही सोचकर आया था कि रणविजय से कहूँगा कि वह आज ही अपनी कहानी पूरी कर दे। रणविजय की कहानी जानने की उत्कंठा इतनी ज्यादा थी कि मैं जेल की सभी औपचारिकताएँ फौरन निपटाकर 'चक्कर' पर पहुँच गया।

मैं 'चक्कर' तक जिस गति और उत्साह से पहुँचा था, वह किसी ऐसे छोटे बच्चे को भी मात देती थी, जो नया खिलौना खरीदने बाजार चला हो। वहाँ के स्टाफ को भी मेरा रवैया शायद अजीब लगता हो पर मेरे लिए सबसे ऊपर रणविजय की कहानी के आखिरी भाग को सुनने की उत्कंठा थी।

मैं 'चक्कर' तक जिस गति और उत्साह से पहुँचा था, वह किसी ऐसे छोटे बच्चे को भी मात देती थी, जो नया खिलौना खरीदने बाजार चला हो। वहाँ के स्टाफ को भी मेरा रवैया शायद अजीब लगता हो पर मेरे लिए सबसे ऊपर रणविजय की कहानी के आखिरी भाग को सुनने की उत्कंठा थी।

मेरे वहाँ बैठने के थोड़ी देर बाद ही रणविजय भी आ गया। उसने मेरा अभिवादन किया और अपनी बात आगे बढ़ाई।

"'लल्लू से गपशप करते हुए रणविजय घर के दरवाजे पर पहुँच चुका था। उसे देखकर आँगन में बँधीं गाय-भैंसें रँभाने लगी थीं, शायद वे भी उसे पहचान गई थीं, जब उसने उनके पास जाकर पहले की तरह उन्हें थपथपाया तो मानो जवाब में वे भी अपना सिर हिलाकर अपनी खुशी जाहिर करने लगीं, पर अभी तक उसे न तो माँ दिखीं थीं और न ही बाबूजी। माँ शायद अंदर होंगी, यह सोचते हुए वह घर के अंदर दाखिल हो गया, हालाँकि रणविजय

का घर पक्का था, फिर भी गाँव का घर तो गाँव का ही होता है। वहाँ के घर आमतौर पर खुद ही कली से पोते गए होते हैं। शहरों में इस्तेमाल होनेवाले पेंट अभी गाँवों में आम नहीं हुए हैं। समय के साथ घर की चमक भी ढल गई थी और दीवारों पर भी सीलन दिखने लगी थी। उसने हर कमरे में माँ और बाबूजी को ढूँढ़ा पर वे कहीं दिखाई नहीं दिए, तभी उसे घर की छत से आती कुछ औरतों की आवाज सुनाई पड़ी, जिसने उसके कदमों को छत की तरफ खींच लिया।

वह ऊपर पहुँचा तो देखा कि माँ गाँव की कुछ औरतों के साथ मिलकर छत पर पड़ा हुआ अनाज समेट रही थीं। अचानक अपने बेटे को आया देखकर माँ उससे दौड़कर लिपट गईं। "लल्ला, तुम कब आए? आने की खबर क्यों नहीं भिजवाई? पिताजी लेने चले आते। सब ठीक तो है?" कुछ घबराई माँ ने एक साथ ही अनेक सवाल दाग दिए।

वह ऊपर पहुँचा तो देखा कि माँ गाँव की कुछ औरतों के साथ मिलकर छत पर पड़ा हुआ अनाज समेट रही थीं। अचानक अपने बेटे को आया देखकर माँ उससे दौड़कर लिपट गईं। "लल्ला, तुम कब आए? आने की खबर क्यों नहीं भिजवाई? पिताजी लेने चले आते। सब ठीक तो है?" कुछ घबराई माँ ने एक साथ ही अनेक सवाल दाग दिए।

"चिंता मत करो, माँ! सबकुछ ठीक है। मैं भी ठीक हूँ। मैं तो बस अचानक आकार आप दोनों को हैरान कर देना चाहता था। बाबूजी कहाँ है?" रणविजय ने पूछा।

"वे अभी आते ही होंगे। तू पहले हाथ-मुँह धो ले। मैं खाना लगा देती हूँ।" माँ ने कहा। रणविजय ने दिन भर से वैसे ही कुछ खास नहीं खाया था और फिर माँ के हाथ के खाने की बात सोचकर तो उसकी न जाने कितने ही दिनों की सोई भूख जाग गई।

अभी वह खाना खाने बैठा ही था कि तभी उसके पिता जागीर सिंह भी

आ गए। बेटे को यूँ अचानक देख उनकी आँखें खुशी से छलछला आईं, जैसे ही रणविजय उनके चरण-स्पर्श के लिए आगे बढ़ा, उन्होंने बाँहें फैलाकर उसे गले लगा लिया। पिता-पुत्र के इस मिलन को देख सरस्वती देवी भी भावुक हो गईं। खाना खाते हुए दोनों ही एक-दूसरे का हालचाल जानने के लिए बेसब्र थे। रणविजय की कुशल-क्षेम जानने के बाद पिता ने उसे बताया कि कैसे वे और उसकी माँ उसके आई.ए.एस. बनने का इंतजार कर रहे हैं, कैसे उसकी माँ जगह-जगह उसके 'बड़ा आदमी' बनने की मन्नतें माँगती है, इस उम्मीद में एक दिन उनका बेटा बड़ा अधिकारी बनकर उनकी मुश्किलें दूर करेगा और उनका नाम रोशन करेगा।

रणविजय सिंह सरस्वती देवी और जागीर सिंह की इकलौती औलाद था, इसलिए इसमें कोई आश्चर्य नहीं था कि उनकी सारी उम्मीदें उसी पर टिकी थीं। रणविजय ने भी एक लायक संतान की तरह अपने माता-पिता को भरोसा दिलाया कि अब वह अपनी मंजिल से ज्यादा दूर नहीं है। रात को माँ ने उसका बिस्तर पिता के साथ छत पर ही लगा दिया। आज न जाने कितने सालों बाद उसे सोने के लिए आकाश की गोद नसीब हुई थी। चाँदनी रात सोने पर सुहागावाली कहावत चरितार्थ कर रही थी। पिताजी सो चुके थे, पर वह लेटा-लेटा आसमान की ओर ताक रहा था। उसे याद आया कि जब बचपन में कभी उसे नींद नहीं आती थी तो वह तारे गिनना शुरू कर देता था और उसे झट से नींद आ जाती थी। दरअसल जब वह बच्चा था, तब पिताजी ने उसे नींद बुलाने की यह तरकीब सिखाई थी, जिसमें सारे तारे इस

रणविजय सिंह सरस्वती देवी और जागीर सिंह की इकलौती औलाद था, इसलिए इसमें कोई आश्चर्य नहीं था कि उनकी सारी उम्मीदें उसी पर टिकी थीं। रणविजय ने भी एक लायक संतान की तरह अपने माता-पिता को भरोसा दिलाया कि अब वह अपनी मंजिल से ज्यादा दूर नहीं है। रात को माँ ने उसका बिस्तर पिता के साथ छत पर ही लगा दिया।

डर से नींद को उसके पास भेज देते थे कि अगर वह थोड़ी देर और जागा तो आकाश के सारे तारे गिन डालेगा।

उसने प्रेम भरी दृष्टि से पिताजी को निहारा। दिन भर कड़क मुखमुद्रा रखनेवाले पिताजी सोते हुए किसी छोटे बच्चे से मासूम लग रहे थे। इसी सबके बीच उसे कब नींद आ गई, खुद उसे पता नहीं चला। सुबह जब नींद खुली, तब तक सूरज सिर पर चढ़ आया था।

नीचे उतरा तो माँ रसोई में व्यस्त दिखीं। इतने दिनों बाद माँ को अपने बेटे को अपने हाथ से पकाकर खाना खिलाने का मौका मिला था। वे कोई कसर नहीं छोड़ना चाहती थीं। उन्होंने रणविजय के खास पसंदीदा आलू के पराँठे बनाए थे और साथ में ताजा सफेद मक्खन भी निकाल दिया था। दही-मक्खन के साथ माँ के हाथ के पराँठे खाकर रणविजय को भी न जाने कितने ही दिनों बाद तृप्ति हुई थी, हालाँकि नाश्ते के दौरान उसके दिमाग में एक ही बात चल रही थी कि माँ-पिताजी के सामने कामिनी का जिक्र कैसे छेड़े ?

कामिनी से प्रेम और शादी का वादा अपनी जगह था, पर अभी उसकी जरा भी हिम्मत नहीं पड़ रही थी कि वह माँ-पिताजी को अपने इस नए रिश्ते के बारे में बताए और इसकी ठोस वजह भी थी। एक तो कामिनी उसकी जाति की नहीं थी और दूसरा मामला प्रेम-विवाह का था। गाँव में आज भी लोग प्रेम-विवाह या अंतरजातीय विवाह को गलत मानते हैं। उसे पक्का पता था कि रणविजय की बात सुनकर पिताजी बेहद नाराज होंगे, पर यह भरोसा भी था कि उसके मिन्नतें करने पर अपने बेटे की खुशी के लिए वे मान भी जाएँगे। इसी पसोपेश में दिन निकल गया।

उसने प्रेम भरी दृष्टि से पिताजी को निहारा। दिन भर कड़क मुखमुद्रा रखनेवाले पिताजी सोते हुए किसी छोटे बच्चे से मासूम लग रहे थे। इसी सबके बीच उसे कब नींद आ गई, खुद उसे पता नहीं चला। सुबह जब नींद खुली, तब तक सूरज सिर पर चढ़ आया था।

आखिर रात के खाने के समय उसने मौका देखकर माँ-पिताजी को कामिनी के बारे में बताया। उसने उन्हें यह भी बताया कि किस तरह बीमार होने पर कामिनी ने उसकी सेवा की और वह उसका कितना ध्यान रखती है और इन्हीं सब बातों के साथ उसने कामिनी के प्रति अपनी भावनाएँ उन तक पहुँचा दीं।

रणविजय अपनी रौ में कहे जा रहा था कि माँ ने पूछा, "बेटा, लड़की कौन सी जाति की है ?"

माँ के मुँह से कौन सी जाति सुनते ही रणविजय उनका आशय समझ गया था, लिहाजा उसने कामिनी की जाति बताने के बजाय सीधे बता दिया कि वह हमारी जाति की नहीं है।

यह सुनते ही माँ-पिताजी के चेहरे फक पड़ गए। "तो बेटा, तुम्हारा इरादा क्या है, तुम इस रिश्ते को कहाँ तक ले जाना चाहते हो ?" जागीर सिंह ने बेटे से वह सवाल पूछा था, जिसका जवाब शायद वे भी जानते थे।

माँ के मुँह से कौन सी जाति सुनते ही रणविजय उनका आशय समझ गया था, लिहाजा उसने कामिनी की जाति बताने के बजाय सीधे बता दिया कि वह हमारी जाति की नहीं है। यह सुनते ही माँ-पिताजी के चेहरे फक पड़ गए। "तो बेटा, तुम्हारा इरादा क्या है, तुम इस रिश्ते को कहाँ तक ले जाना चाहते हो ?" जागीर सिंह ने बेटे से वह सवाल पूछा था, जिसका जवाब शायद वे भी जानते थे।

कुछ सेकंड की चुप्पी के बाद रणविजय ने कहा, "बेशक पिताजी, मैं उससे शादी करना चाहता हूँ, लेकिन आप लोग इजाजत दें तब।"

रणविजय के अंदाजे के अनुसार उसके पिताजी गुस्सा तो शायद इतने नहीं हुए, पर अंदर तक आहत जरूर हुए। शादी से पहले माँ-बाप की इजाजत की बात भी उनके आहत मन को तसल्ली नहीं दे पाई।

अपने भावों को छिपाने की भरसक कोशिश करते हुए वे बोले, "देखो

बेटा! अगर तुमने कोई निर्णय ले ही लिया है तो हमारी हाँ या न का तो कोई मतलब ही नहीं रह जाता। तुम शहर में रहते हो। पढ़े-लिखे हो, जो चाहो सो करो। हम बूढ़े देहाती यहाँ गाँव में रहकर भला कर भी क्या सकते हैं और वैसे भी हमारा समाज, जो तुम चाहते हो, वह करने की कभी इजाजत नहीं देगा। हम तुम्हारे लिए जितना कर सकते थे, हमने किया और आगे भी जो बन पड़ेगा, वह करेंगे, पर तुम्हारे इस फैसले में हम तुम्हारे साथ नहीं खड़े हो सकते। हमारा परिवेश और हमारी सोच इस बात की इजाजत नहीं देते कि हम दूसरी जाति में शादी या प्रेम-विवाह के लिए तुम्हें हाँ कह पाएँ। बाकी तुम खुद समझदार हो, जैसा ठीक लगे वैसा करो, वैसे भी हम लोगों की जिंदगी अब बची ही कितने दिन की है, जैसे-तैसे काट लेंगे।"

पिता के मुँह से यह सब सुनकर रणविजय निरुत्तर हो गया। उसे समझ नहीं आ रहा था कि पिताजी की इन बातों का क्या जवाब दे। कामिनी से वह बेहद प्यार करता था, मगर अपने एक प्यार को पाने के लिए वह उन लोगों को बिल्कुल तकलीफ नहीं पहुँचाना चाहता था, जिनकी वजह से उसका वजूद था। जिन माँ-बाप ने उसकी खातिर हमेशा अपना सबकुछ न्योछावर किया हो, वह उनको चोट पहुँचाकर अपना कोई सपना पूरा नहीं करना चाहता था।

पिता के मुँह से यह सब सुनकर रणविजय निरुत्तर हो गया। उसे समझ नहीं आ रहा था कि पिताजी की इन बातों का क्या जवाब दे। कामिनी से वह बेहद प्यार करता था, मगर अपने एक प्यार को पाने के लिए वह उन लोगों को बिल्कुल तकलीफ नहीं पहुँचाना चाहता था, जिनकी वजह से उसका वजूद था।

पिता ने अंतरजातीय विवाह को स्वीकार करने में सामाजिक बंधनों का हवाला दिया तो रणविजय ने कुछ और न सूझने पर उन्हें अपने साथ दिल्ली आने का न्योता दे दिया। वह उन्हें कहना चाहता था कि वैसे भी इस गाँव में रखा ही क्या है, मगर इससे पहले कि वह अपनी बात पूरी करता, जागीर सिंह

उठकर दूसरे कमरे में चले गए और उनके पीछे-पीछे सरस्वती देवी भी उठ खड़ी हुईं। कमरे में आने के बाद दोनों मियाँ-बीवी देर तक खामोश बैठे रहे।

जागीर सिंह सोच रहे थे कि कहाँ तो हम इसके सुनहरे भविष्य के सपने देख रहे थे कि कब यह लड़का बड़ा अधिकारी बनेगा और हमारी और इसकी मेहनत रंग लाएगी। इसकी पढ़ाई के पीछे सबकुछ तो गिरवी रखा गया, मगर इसने तो प्रेम के चक्कर में सब मिट्टी कर दिया। एक बार भी नहीं सोचा कि इसके इस कदम से हम कितना आहत होंगे।

जागीर सिंह सोच रहे थे कि कहाँ तो हम इसके सुनहरे भविष्य के सपने देख रहे थे कि कब यह लड़का बड़ा अधिकारी बनेगा और हमारी और इसकी मेहनत रंग लाएगी। इसकी पढ़ाई के पीछे सबकुछ तो गिरवी रखा गया, मगर इसने तो प्रेम के चक्कर में सब मिट्टी कर दिया।

दूसरी तरफ सरस्वती देवी भी शांत बैठी रहीं, पर उनके मन में भी मानो विचारों का झंझावात चल रहा था। वे सोचने लगीं, आखिर एक ही तो लड़का है हमारा। इसकी शादी को लेकर क्या कुछ अरमान थे मेरे। अपनी बहू को लेकर कितने सपने बुने थे मैंने, पर न जाने क्यों यह लड़का हमारे हर अरमान पर पानी फेरने पर उतारू है, पर अगले ही पल माँ का दिल अपने से पहले बेटे की खुशी के बारे में सोचने लगा। वे सोचने लगीं कि शादी तो बेटे को ही करनी है, आखिर हम अपने सामाजिक बंधनों के चलते बेटे से उसकी खुशियाँ क्यों छीनें? अगर हम सच में बेटे से प्यार करते हैं तो हमें अपनी सामाजिक मान्यताओं से पहले बेटे की खुशी के बारे में सोचना चाहिए, वैसे भी जिस समाज की हम फिक्र कर रहे हैं, वह समाज क्या कभी किसी से खुश हुआ है भला?

एक ही कमरे में एक साथ बैठकर जागीर सिंह और सरस्वती देवी बिल्कुल अलग-अलग दिशाओं में सोच रहे थे। जहाँ पिता अपनी वर्षों की

सोच से संघर्ष कर रहे थे, वहीं बेटे की खुशी के आगे माँ धीरे-धीरे मोम की मानिंद पिघल रही थीं। विचारों की इसी उधेड़बुन में रात गुजर गई थी। दोनों की ही आँखों में नींद का नामोनिशान नहीं था, सो तो रणविजय भी कहाँ पाया था।

खैर, सुबह जब जागीर सिंह और सरस्वती देवी अपने कमरे से बाहर निकले तो देखा कि रणविजय वापस दिल्ली जाने के लिए तैयार हो गया है। माँ बेटे से इस बारे में बात करना चाहती थी, मगर पिता के मूड को समझते हुए उसने भी रणविजय को नहीं टोका। लिहाजा दोनों ने उसे कुछ भी नहीं कहा। न तो रुकने को और न ही कुछ और।

सुबह जब जागीर सिंह और सरस्वती देवी अपने कमरे से बाहर निकले तो देखा कि रणविजय वापस दिल्ली जाने के लिए तैयार हो गया है। माँ बेटे से इस बारे में बात करना चाहती थी, मगर पिता के मूड को समझते हुए उसने भी रणविजय को नहीं टोका।

रणविजय अपने इरादों का पक्का था, शायद यह उसका दृढ़ निश्चय ही था, जो उसे हर परीक्षा में अव्वल लाता था। वह जो ठान लेता था, उसे कर दिखाता था। रात तक वह अपने प्यार के लिए आम सहमति बनाने की कोशिश कर रहा था, मगर सुबह होते-होते उसके मन से यह खयाल चला गया। वह ठान चुका था कि उसे हर शर्त पर कामिनी से विवाह करना था, फिर इसके लिए चाहे उसे अपने माता-पिता की मर्जी के खिलाफ ही क्यों न जाना पड़े।

कुछ देर में रणविजय ने वापस दिल्ली जाने की पूरी तैयारी कर ली। घर से निकलते हुए उसने माँ-पिताजी के पैर छुए। पिताजी ने कोई जवाब नहीं दिया, पर माँ ने आशीर्वाद की जगह एक पोटली जरूर पकड़ा दी। रणविजय के लिए यह एक जानी-पहचानी पोटली थी। घर का कोई भी सदस्य जब भी गाँव से बाहर जाता तो ऐसी ही पोटली में माँ रास्ते में खाने के लिए पराँठे और अचार रखकर देती थीं। पराँठे और अचार की उस पोटली ने उसे उस दिन

की याद दिला दी, जब उसने पढ़ने के लिए पहली बार अपने गाँव से बाहर कदम रखा था और माँ ने ढेरों आशीर्वाद के साथ मेथी के पराँठे और अचार उसके साथ बाँध दिए थे।

बेशक माँ रणविजय से बहुत नाराज थीं, लेकिन वे थीं तो माँ ही। हमारे प्राचीन साहित्य में पिता को आकाश से भी विशाल और माँ को धरती से भी गहरा और अथाह माना गया है। जब मनुष्य आज तक धरती और आकाश की ही थाह नहीं ले पाया तो माता-पिता की कैसे ले सकता है?

बेशक माँ रणविजय से बहुत नाराज थीं, लेकिन वे थीं तो माँ ही। हमारे प्राचीन साहित्य में पिता को आकाश से भी विशाल और माँ को धरती से भी गहरा और अथाह माना गया है। जब मनुष्य आज तक धरती और आकाश की ही थाह नहीं ले पाया तो माता-पिता की कैसे ले सकता है?

लाख नाराजगी के बावजूद रणविजय की माँ ने उसके लिए न सिर्फ पोटली में खाना रख दिया था, बल्कि एक छोटे-से बैग में कुछ जेवर भी थे, जो उन्होंने अपनी बहू के लिए सँजोकर रखे थे और मुश्किल-से-मुश्किल समय में भी उन पर आँच नहीं आने दी थी। उन्हें अंदाजा हो गया था कि शायद अपनी बहू को अपने हाथ से ये जेवर देने का मौका उन्हें न मिले, इसलिए बड़े भारी मन से उन्होंने बाकी सामान के साथ ये जेवर रणविजय को सौंप दिए थे, जिसका खुद रणविजय को भी पता नहीं चल पाया था।

बड़े भारी मन से रणविजय अपना सामान उठा वापस दिल्ली के लिए निकल पड़ा। ट्रेन में बैठने के बाद उसके मन में तरह-तरह के खयाल आ रहे थे। क्या माँ-बाबूजी अब उसे पहले की तरह प्यार नहीं करते या फिर शहर जाकर वह खुद ही बदल गया है?

रणविजय बीती रात माँ-बाप से कामिनी को लेकर हुई बातचीत के बारे

में सोचने लगा। उसे उम्मीद थी कि रात के गुस्से के बाद शायद सुबह उन लोगों का गुस्सा कुछ कम हो जाएगा। उसे लग रहा था कि कम-से-कम माँ तो जाते वक्त उससे कामिनी को लेकर कुछ बात जरूर करेंगी। उसे यह सोचकर घुटन हो रही थी कि उसके घर छोड़ने तक माँ-बाप दोनों में से किसी ने उससे दोबारा कामिनी के बारे में कोई सवाल नहीं किया। उसे यह सोचकर खुद पर भी थोड़ा गुस्सा आ रहा था कि उसने भी घर से निकलते वक्त माँ-बाप के साथ थोड़ा रूखा व्यवहार किया। पिता से तो उसने घर छोड़ते वक्त नजर भी नहीं मिलाई थी। वह माँ-पिता से अपनी अपेक्षाओं और खुद अपने अजीब व्यवहार को लेकर असमंजस में था। एक पल वह माँ-बाप को गुनहगार मानता तो अगले ही पल उसे अपने व्यवहार पर गुस्सा आता।

विचारों की इस श्रृंखला ने उसे पूरा दिन कुछ और सोचने ही नहीं दिया। इस बीच वह रास्ते में कुछ खाना भी भूल गया। अचानक 4-5 बजे जब भूख ने उस पर हमला कर दिया, तब जाकर उसे अहसास हुआ कि उसने तो सुबह से शरीर में अन्न का एक दाना भी नहीं डाला है।

विचारों की इस श्रृंखला ने उसे पूरा दिन कुछ और सोचने ही नहीं दिया। इस बीच वह रास्ते में कुछ खाना भी भूल गया। अचानक 4-5 बजे जब भूख ने उस पर हमला कर दिया, तब जाकर उसे अहसास हुआ कि उसने तो सुबह से शरीर में अन्न का एक दाना भी नहीं डाला है। पराँठों की पोटली खोलते हुए वह सोचने लगा कि एक माँ अपने बच्चे के बारे में वह भी जानती है, जो खुद वह बच्चा भी नहीं जानता। पोटली खोलने पर नजर उसके अंदर रखी दूसरी पोटली पर गई और जब उसने उसे खोलकर देखा तो न चाहते हुए भी उसके गालों पर आँसू लुढ़क आए। उसने पोटली को ही माँ और पिताजी का आशीर्वाद समझकर अपने माथे से लगा लिया। खाना खाने के बाद रणविजय ने सीट पर पीठ टिकाकर आँखें बंद कर लीं।

जैसे–जैसे ट्रेन पटरी पर आगे भागती जा रही थी, उसे लग रहा था कि सबकुछ पीछे छूटता जा रहा है, पर उसने अब भी आस नहीं छोड़ी थी। उसे कहीं–न–कहीं लग रहा था कि एक बार शादी हो जाए तो माँ–पिताजी भी मान ही जाएँगे। उसने अकसर देखा था कि एक बार लड़का या लड़की अपने मन से शादी कर लें तो कुछ समय बाद माता–पिता भी उनके इस रिश्ते को अपना ही लेते हैं। यही सब सोचते सोचते रणविजय की आँख लग गई, जब उसकी नींद खुली तो ट्रेन नई दिल्ली के अजमेरी गेट रेलवे स्टेशन पर लग चुकी थी।

□

भाग-13

रणविजय अपने कमरे में पहुँच चुका था। गाँव पीछे छूट गया था, लेकिन उसका मन अभी भी वहीं भटक रहा था। वह सोच रहा था कि काश! वह माँ-पिताजी को कामिनी से शादी के लिए मना पाता। उनकी इच्छा के विरुद्ध कामिनी से शादी करना उसके लिए अकल्पनीय था, पर वह न तो अब कामिनी के बिना रह सकता था और न ही उसका साथ छोड़कर उसे धोखा दे सकता था।

वह खुद को तसल्ली देने लायक कोई बात ढूँढ़ रहा था, तभी उसने यह तसल्ली सिविल सर्विसेज की मुख्य परीक्षा में ढूँढ़ ली। वह सोचने लगा कि अगर वह थोड़ी और मेहनत करे तो सिविल सर्विसेज की मुख्य परीक्षा पास करना उसके लिए कोई मुश्किल बात नहीं है। वह सोचने लगा कि एक नौकरी तो उसके हाथ में है ही, इसलिए खाने और रहने की दिक्कत नहीं आएगी। एक बार कामिनी से शादी हो जाए, फिर वह पूरी तरह से सिविल सर्विसेज की तैयारी में जुट जाएगा और अपने लक्ष्य को जरूर प्राप्त कर लेगा। तनहा और दुःखी मन अकसर पीड़ा की घड़ी में खुद के लिए कहीं कोई सहारा ढूँढ़ता है। रणविजय को यह सहारा सिविल सर्विस की परीक्षा पास करने में दिखाई दे रहा था। उसे भरोसा था कि एक बार अगर वह आई.ए.एस. अधिकारी बन गया तो माँ-बाप खुशी-खुशी उसके और कामिनी के रिश्ते को स्वीकार कर लेंगे और गाँव में भी किसी की हिम्मत नहीं होगी कि कोई उनकी अंतरजातीय शादी पर सवाल उठाए।

सुबह वह तैयार होकर ऑफिस निकलने ही वाला था कि दरवाजे पर दस्तक हुई। रणविजय ने दरवाजा खोला तो सामने कामिनी खड़ी थी। रणविजय के लौटने की खुशी उसके चेहरे पर साफ झलक रही थी। वह रणविजय के सीने से लगकर बोली, "तुम्हारे बिना बड़ी मुश्किल से दिन काटे हैं मैंने। तुम्हें भी मेरी याद आई या नहीं?"

फिर अगले ही पल रणविजय का चेहरा देखकर बोली, "क्या हुआ? तुम्हारा मूड कुछ अच्छा नहीं लग रहा है। तुम्हारे माँ-पिताजी हमारी शादी के लिए तैयार हुए या नहीं?"

रणविजय ने उसका सवाल अनसुना करते हुए कहा, "वह सब छोड़ो, बस यह समझ लो कि जितनी जल्दी हो सकेगा, हम दोनों शादी कर लेंगे। मेरे माता-पिता हमारी इस शादी के लिए तैयार नहीं हैं। इसलिए मैंने यह निर्णय लिया है कि मैं उनकी मर्जी के खिलाफ शादी करूँगा। तुम भी अपने माता-पिता से जल्द ही बात करके देख लो। मेरे माता-पिता अभी नाराज जरूर हैं, पर मुझे पक्का विश्वास है कि एक बार हमारी शादी हो जाएगी तो वे भी जरूर मान जाएँगे। एक बार मैं उन सपनों को साकार कर लूँ, जो उन्होंने मेरे लिए देखे हैं तो उन्हें मनाना मेरे लिए भी ज्यादा मुश्किल नहीं होगा।"

वह सब छोड़ो, बस यह समझ लो कि जितनी जल्दी हो सकेगा, हम दोनों शादी कर लेंगे। मेरे माता-पिता हमारी इस शादी के लिए तैयार नहीं हैं। इसलिए मैंने यह निर्णय लिया है कि मैं उनकी मर्जी के खिलाफ शादी करूँगा। तुम भी अपने माता-पिता से जल्द ही बात करके देख लो।

रणविजय एक साँस में अपनी बात कह गया था। कामिनी एकटक उसके चेहरे को देखे जा रही थी। उसने रणविजय का यह रूप पहली बार देखा था। रणविजय के अपनी बात पूरी कर लेने पर वह बोली, "ठीक है! मुझे कुछ वक्त दो। मैं भी माँ-पिताजी से बात करके देखती हूँ।"

दिन भर भारी उथल-पुथल से गुजरने के बाद शाम को जब वह ऑफिस से लौटा तो काफी थका हुआ महसूस कर रहा था। इसलिए चुपचाप आँखें मूँदकर पलंग पर लेट गया, तभी कामिनी कुछ बदहवास-सी कमरे में दाखिल हुई। "बहुत देर से तुम्हें फोन लगा रही हूँ। उठा क्यों नहीं रहे?"

"फोन चार्जिंग पर लगा हुआ है। साइलेंट पर है। इसलिए पता ही नहीं चला। सब ठीक तो है? इतनी परेशान क्यों लग रही हो?" रणविजय ने जवाब दिया।

"मेरे घरवाले हमारी शादी के लिए नहीं मानेंगे और मैं तुम्हारे बिना नहीं रह सकती। इसलिए मैंने भी उनकी मर्जी के खिलाफ शादी करने का फैसला कर लिया है। हाँ, शादी हमें जल्दी करनी होगी, वरना वे मेरी शादी कहीं और करवा देंगे।"

"मेरे घरवाले हमारी शादी के लिए नहीं मानेंगे और मैं तुम्हारे बिना नहीं रह सकती। इसलिए मैंने भी उनकी मर्जी के खिलाफ शादी करने का फैसला कर लिया है। हाँ, शादी हमें जल्दी करनी होगी, वरना वे मेरी शादी कहीं और करवा देंगे।"

कामिनी के जवाब ने रणविजय के चेहरे पर तनाव ला दिया। पता नहीं क्यों, उसे अंदर से यह उम्मीद थी कि कामिनी के घरवाले तो मान जाएँगे, मगर कामिनी के इस जवाब के बाद उसकी वह उम्मीद भी टूट चुकी थी।

कुछ क्षण की चुप्पी के बाद वह बोला, "तो ठीक है, शादी तो करनी ही है, मैं सोच रहा था कि अगर हम कोर्ट मैरिज करते हैं तो उसमें तारीख मिलने और कागजी काररवाई करने में समय लग जाएगा तो क्यों न हम मंदिर में शादी कर लें?"

कामिनी घरवालों की 'न' के बाद थोड़ी उदास हो चुकी थी, मगर इतना उसने भी तय कर रखा था कि शादी तो करनी है, लिहाजा रणविजय के मंदिर में शादी करने के प्रस्ताव पर वह फौरन राजी हो गई।

"तो फिर ठीक है। मैं अभी संजय को फोन कर देता हूँ, वह आगे का काम सँभाल लेगा।"

"पर क्या शादी के बाद भी हम यहीं रहेंगे?" कामिनी ने रणविजय की बात काटते हुए कहा, "क्योंकि इस घर का पता मेरे भाइयों को है। मुझे नहीं लगता शादी के बाद यहाँ रहना ठीक होगा।"

"तुम चिंता मत करो। मैंने एक घर देख रखा है, उसे फाइनल करने में ज्यादा दिक्कत नहीं होगी।" रणविजय ने तसल्ली देते हुए कहा।

इसके बाद रणविजय ने संजय को फोन मिलाकर पूरी बात बताई। संजय भी जानता था कि घरवालों की मर्जी के खिलाफ शादी करने की अपनी चुनौतियाँ हैं, मगर इस बारे में रणविजय को कोई समझाइश देने के बजाय वह उसे भरोसा देते हुए बोला, "तू चिंता मत कर। पंडित से लेकर मंदिर तक सारी जिम्मेदारी मेरी। तू बस बेफिक्र हो जा।"

इसके बाद रणविजय ने संजय को फोन मिलाकर पूरी बात बताई। संजय भी जानता था कि घरवालों की मर्जी के खिलाफ शादी करने की अपनी चुनौतियाँ हैं, मगर इस बारे में रणविजय को कोई समझाइश देने के बजाय वह उसे भरोसा देते हुए बोला, "तू चिंता मत कर। पंडित से लेकर मंदिर तक सारी जिम्मेदारी मेरी। तू बस बेफिक्र हो जा।"

संजय के इस आश्वासन ने रणविजय में नई जान फूँक दी। उसे लगा कि इस दुनिया में कोई तो है, जिसे वह सही मायनों में दोस्त कह सकता है। जिस पर मुश्किल की घड़ी में वह भरोसा कर सकता है। रणविजय ने संजय का धन्यवाद कर फोन रख दिया और कामिनी को यकीन दिलाया कि संजय सारी व्यवस्था कर लेगा।

शादी का मुहूर्त छह दिन बाद का निकला था। रणविजय जब कामिनी को लेकर मंदिर पहुँचा तब तक संजय ने सारी तैयारियाँ कर ली थीं। पंडितजी

ने मंत्रोच्चारण शुरू किया और हँसी-खुशी के माहौल में रणविजय और कामिनी का विवाह निर्विघ्न संपन्न हो गया।

इस पूरी शादी के दौरान संजय ने वाकई में न सिर्फ एक बेहतरीन दोस्त की भूमिका निभाई थी, बल्कि परिवार का भी फर्ज अदा किया था। शादी के बाद दोनों पति-पत्नी संजय के साथ अपने नए घर की तरफ रवाना हो गए। सबकुछ इतने आनन-फानन में हुआ कि कामिनी अभी तक अपना नया घर देख ही नहीं पाई थी।

इस पूरी शादी के दौरान संजय ने वाकई में न सिर्फ एक बेहतरीन दोस्त की भूमिका निभाई थी, बल्कि परिवार का भी फर्ज अदा किया था। शादी के बाद दोनों पति-पत्नी संजय के साथ अपने नए घर की तरफ रवाना हो गए। सबकुछ इतने आनन-फानन में हुआ कि कामिनी अभी तक अपना नया घर देख ही नहीं पाई थी।

नई दुलहन का उत्साह लिये जब कामिनी ने नए घर में प्रवेश किया तो आश्चर्य से उसकी आँखें फटी-की-फटी रह गईं—तीन कमरों का खूबसूरत फ्लैट, जिसमें 55 इंच का एल.ई.डी. टी.वी., डबल डोर फ्रिज, डिश वाशर और सुख-सुविधा का लगभग सारा सामान मौजूद था।

"इतना सबकुछ और वह भी इतनी जल्दी आखिर कैसे मैनेज हुआ?" कामिनी ने चौंकते हुए रणविजय से पूछा। इस पर रणविजय जब सिर्फ मुसकरा दिया तो कामिनी की जिज्ञासा शांत करने का मोर्चा संजय ने सँभाला।

वह बोला, "घर तो रणविजय ने पहले से ही किराए पर ले रखा था और यह सारा समान उसने खुद तुम्हारे लिए खरीदा है।"

"…पर इन सबके लिए इतने पैसे आए कहाँ से?" कामिनी ने चौंकते हुए पूछा।

संजय से पहले इस बार रणविजय बोल पड़ा, "अरे मैडम, आप तो

बिल्कुल इनकम टैक्सवालों के अंदाज में इन्क्वायरी करने लगीं, सब मेहनत की कमाई से खरीदा है, किसी की दुकान पर डाका डालकर माल नहीं उड़ाया।"

रणविजय का जवाब सुनते ही तीनों हँसने लगे, मगर कामिनी इतनी जल्दी कहाँ माननेवाली थी। उसने पूछा, "पर मुझे कुछ भी क्यों नहीं बताया ?"

दोस्त के बचाव में आते हुए इस बार संजय बोल पड़ा, "यह आपको सरप्राइज देना चाहता था।"

अब तीनों दोस्त वहीं सोफे पर बैठकर गपशप करने लगे। बातचीत के दौरान ही संजय ने बताया कि ऑफिस बहुत जल्दी मुंबई में एक वर्कशॉप ट्रेनिंग सेशन करने जा रहा है, जो सारे एम्प्लॉइज के लिए अटैंड करना अनिवार्य है, जैसे ही डेट्स आएँगी, वह रणविजय को बता देगा।

दोस्त के बचाव में आते हुए इस बार संजय बोल पड़ा, "यह आपको सरप्राइज देना चाहता था।" अब तीनों दोस्त वहीं सोफे पर बैठकर गपशप करने लगे। बातचीत के दौरान ही संजय ने बताया कि ऑफिस बहुत जल्दी मुंबई में एक वर्कशॉप ट्रेनिंग सेशन करने जा रहा है, जो सारे एम्प्लॉइज के लिए अटैंड करना अनिवार्य है, जैसे ही डेट्स आएँगी, वह रणविजय को बता देगा।

यह कहते हुए संजय वहाँ से चलने को हुआ कि तभी रणविजय ने कहा, "यार, यह वर्कशॉप वगैरह तो ठीक है। सोचता हूँ इस नौकरी के चक्कर में सिविल सर्विसेज का अपना असली लक्ष्य न भूल जाऊँ, वैसे भी यह नौकरी सिर्फ वहाँ तक पहुँचने का एक जरिया भर थी।"

"बात तो तेरी ठीक है, पर ये जो लोन तूने लिया है, उसे चुकाने के लिए भी तो अभी नौकरी की जरूरत पड़ेगी और अब तो तेरी शादी भी हो गई है, इसलिए इस नौकरी को लेकर मन में इतनी पीड़ा मत पाल, वरना एक भी दिन

काम पर जाना मुश्किल हो जाएगा। खैर, ये सब बातें बाद में, अभी तो तुम लोग अपनी शादी के इस पल को इन्जॉय करो। मैं चलता हूँ।" यह कहते हुए संजय वहाँ से रवाना हो गया।

यह पहला मौका नहीं था, जब रणविजय और कामिनी घर में अकेले हों, पर आज की बात ही कुछ और थी। आज के इस अकेलेपन में कोई हिचकिचाहट नहीं थी। इस बात का डर नहीं था कि आंटी अभी आकर पूछ लेंगी कि यह लड़की तुम्हारे कमरे में क्या कर रही है! या फिर अचानक मकान मालिक के देख लेने पर कामिनी को अपनी कजन बताना पड़ेगा! अब उन दोनों ने साथ-साथ रहने का पूरा हक हासिल कर लिया था, अब वे दोनों हमदम से हमसफर बन चुके थे।

यह पहला मौका नहीं था, जब रणविजय और कामिनी घर में अकेले हों, पर आज की बात ही कुछ और थी। आज के इस अकेलेपन में कोई हिचकिचाहट नहीं थी। इस बात का डर नहीं था कि आंटी अभी आकर पूछ लेंगी कि यह लड़की तुम्हारे कमरे में क्या कर रही है! या फिर अचानक मकान मालिक के देख लेने पर कामिनी को अपनी कजन बताना पड़ेगा!

इस बीच शादी को पूरा एक महीना बीत गया। कामिनी के साथ अपने आशियाने को सजाने-सँवारने में व्यस्त रणविजय ने अब तक माँ-पिताजी को अपनी शादी की खबर तक नहीं दी थी, हालाँकि उसे बार-बार उनका खयाल आता था, पर आखिर उन्हें किस मुँह से फोन करता और क्या कहता? वैसे भी अब उसकी दुनिया कामिनी तक ही सिमटकर रह गई थी।

एक दिन वह सुबह ऑफिस पहुँचकर अपनी डेस्क पर बैठा ही था कि संजय उसके पास आकर बोला, "परसों से मुंबई में वर्कशॉप है। तुझे कल ही निकलना पड़ेगा। तेरे टिकट्स, होटल की बुकिंग वगैरह सब अरेंज हो गया है।"

"तू साथ नहीं चलेगा क्या?" रणविजय ने संजय की बात काटते हुए उससे पूछा।

"नहीं, इस वाले में मेरा नाम नहीं है। मेरा नाम अगले क्वार्टर के सेशन में है। चलो, यह भी एक तरह से ठीक ही है। कामिनी यहाँ अकेली रहेगी। उसका ध्यान रखने के लिए भी कोई होना चाहिए।"

"वैसे कितने दिन की ट्रेनिंग है?" रणविजय ने संजय से पूछा।

"लगभग 20 दिन की ट्रेनिंग होगी," संजय ने जवाब दिया।

"20 दिन?" रणविजय ने लंबी साँस छोड़ते हुए कहा। शाम को जब रणविजय ने कामिनी को अगले दिन ट्रेनिंग के लिए निकलने की बात बताई तो कामिनी एकदम से घबरा गई और कहने लगी कि वह उसके बिना इतने दिन नहीं रह सकती। वह भी उसके साथ जाएगी।

रणविजय ने उसे समझाया कि कंपनी ऐसी ट्रेनिंग में परिवार को साथ ले जाने की अनुमति नहीं देगी, वैसे भी 20 ही दिन की तो बात है, फिर फोन तो है ही। वह उसके लगातार संपर्क में रहेगा।

"नहीं, इस वाले में मेरा नाम नहीं है। मेरा नाम अगले क्वार्टर के सेशन में है। चलो, यह भी एक तरह से ठीक ही है। कामिनी यहाँ अकेली रहेगी। उसका ध्यान रखने के लिए भी कोई होना चाहिए।" "वैसे कितने दिन की ट्रेनिंग है?" रणविजय ने संजय से पूछा। "लगभग 20 दिन की ट्रेनिंग होगी," संजय ने जवाब दिया।

रणविजय से 20 दिन दूर रहने की बात सोच-सोचकर कामिनी का दिल बैठा जा रहा था। शादी के बाद उसकी भी अपने माँ-बाप से बात नहीं हुई थी, ऐसे में ले-देकर रणविजय ही उसकी पूरी दुनिया बन चुका था। अपने दिन भर का गुबार वह उसी के सामने निकालती थी। सारे सुख-दुःख वह उसी से साझा करती थी। उसके साथ होने पर उसे और किसी की कमी महसूस

नहीं होती थी। इसलिए जब रणविजय ने एक साथ इतने दिनों के लिए मुंबई जाने की बात बताई तो कामिनी का दिल बैठ गया। उसे समझ ही नहीं आ रहा था कि वह रणविजय के बिना इतने दिन उस घर में अकेली कैसे रहेगी। यही सोच–सोचकर कामिनी रात भर सिसकियाँ भरती रही और रणविजय उसे समझाता रहा।

एक पल के लिए रणविजय के मन में खयाल आया कि वह भी बॉस को बोलकर अपनी ट्रेनिंग अगले सेशन के लिए टाल दे, मगर फिर यह सोचकर रुक गया कि उसके ऐसा कहने से बॉस नाराज न हो जाए। वह ऑफिस में कहीं नॉन–सीरियस न लगे, वैसे भी बीमारी और शादी के चलते उसकी पिछले कुछ महीनों में काफी छुट्टियाँ हो गई थीं। शादी के बाद नौकरी छोड़ना कोई विकल्प नहीं था। इसलिए उसने ट्रेनिंग टालने की बात को दिल से निकाल दिया।

एक पल के लिए रणविजय के मन में खयाल आया कि वह भी बॉस को बोलकर अपनी ट्रेनिंग अगले सेशन के लिए टाल दे, मगर फिर यह सोचकर रुक गया कि उसके ऐसा कहने से बॉस नाराज न हो जाए। वह ऑफिस में कहीं नॉन–सीरियस न लगे, वैसे भी बीमारी और शादी के चलते उसकी पिछले कुछ महीनों में काफी छुट्टियाँ हो गई थीं।

अगली सुबह कामिनी ने भारी मन से रणविजय को विदा किया। आज रणविजय खुद को जितना बेबस महसूस कर रहा था, उतना उसने आज से पहले कभी नहीं किया था, हालाँकि दु:खी और बेबस तो वह गाँव से लौटते हुए भी था, पर न जाने क्यों कामिनी को इस हाल में देखकर उसका मन ज्यादा दु:खी हो रहा था।

हारकर कामिनी से आँखें चुराता हुआ वह एयरपोर्ट के लिए टैक्सी में बैठ गया। फ्लाइट बोर्ड करने तक की सारी प्रक्रिया उसने मानो यंत्रवत् ही पूरी की। उसे यही चिंता सताए जा रही थी कि नए घर में कामिनी अकेले कैसे

रहेगी, बस उसे कोई दिक्कत नहीं आए। इसी चिंता के चलते उसने संजय को प्लेन उड़ने से पहले फोन करके कामिनी का खयाल रखने के लिए कहा और संजय ने भी उसे पूरा आश्वासन दिया।

फिर उसने कामिनी को फोन करके कहा कि फ्लाइट टेक ऑफ करनेवाली है। इसलिए फोन बंद रहेगा। खुदा न खास्ता कोई भी जरूरत पड़ जाए तो वह बेझिझक संजय को फोन कर ले।

थोड़ी देर में फ्लाइट लैंड कर चुकी थी। रणविजय ने फ्लाइट लैंड करते ही कामिनी को फोन कर अपने ठीक-ठाक पहुँचने की जानकारी दी। कामिनी ने बताया कि वह भी ठीक है और संजय ने भी फोन कर उससे पूछा था कि अगर किसी चीज की जरूरत पड़े तो वह बेझिझक उसे बता सकती है। कामिनी ने रणविजय से अपने बारे में चिंता न करते हुए ट्रेनिंग पर ध्यान लगाने की बात की और सिर्फ इतना आग्रह किया कि जब भी उसे वक्त मिले, वह फोन कर उसे अपने बारे में जानकारी दे दे।

थोड़ी देर में फ्लाइट लैंड कर चुकी थी। रणविजय ने फ्लाइट लैंड करते ही कामिनी को फोन कर अपने ठीक-ठाक पहुँचने की जानकारी दी। कामिनी ने बताया कि वह भी ठीक है और संजय ने भी फोन कर उससे पूछा था कि अगर किसी चीज की जरूरत पड़े तो वह बेझिझक उसे बता सकती है।

एयरपोर्ट से होटल पहुँचने तक रणविजय ने कहीं और ध्यान नहीं दिया। इस बीच उसने यह भी नोट नहीं किया कि जिस फ्लाइट से वह दिल्ली से मुंबई आया था, उसी में उसकी कंपनी के कुछ और लोग भी थे। मुंबई पहुँचने के बाद भी फोन पर कामिनी से ही बात करता रहा और यह बातचीत तब तक चलती रही, जब तक कि होटल पहुँचकर उसका फोन डिस्चार्ज नहीं हो गया।

वह फोन चार्जिंग पर लगा कमरे में कामिनी से बात करते रहना चाहता था, मगर डिनर की व्यवस्था नीचे हॉल में थी, इसलिए उसे मजबूरी में नीचे

जाना पड़ा। वहाँ पहुँचकर उसने देखा कि उसके साथी बुफे पर भूखे बरातियों की तरह टूटे हुए हैं। किसी ने स्नैक्स पर धावा बोल रखा है। कोई मुफ्त की दारू गटकने में लगा है। कोई फ्री का चिकन तोड़ रहा है तो कोई आने के बाद से दसवाँ रसगुल्ला खा रहा है।

मगर बुफे में लगे 56 भोग रणविजय के लिए कोई मायने नहीं रखते थे। वह तो बस जैसे-तैसे खाना पेट में डाल वहाँ से निकलना चाहता था। वह जितनी देर खाने के लिए नीचे रहा, उतनी देर उसका मन कामिनी से बात करने के लिए तड़पता रहा। बीती रात का कामिनी का उदास चेहरा अब भी उसके सामने था। वह यह सोच-सोचकर परेशान हो रहा था कि पता नहीं उसके बिना कामिनी किस हाल में होगी? खाने की टेबल पर कुछ साथियों ने उससे बात करनी चाही, मगर उसने उन्हें ज्यादा तवज्जो नहीं दी।

मगर बुफे में लगे 56 भोग रणविजय के लिए कोई मायने नहीं रखते थे। वह तो बस जैसे-तैसे खाना पेट में डाल वहाँ से निकलना चाहता था। वह जितनी देर खाने के लिए नीचे रहा, उतनी देर उसका मन कामिनी से बात करने के लिए तड़पता रहा। बीती रात का कामिनी का उदास चेहरा अब भी उसके सामने था।

वह जानता था कि ऐसा करने पर उसके साथियों को अजीब लग सकता है, मगर वह फौरन खाना निपटा वापस रूम में जाना चाहता था। साथियों और बॉस से बचते-बचाते अगले 5 मिनट में रणविजय वापस अपने कमरे में आ गया। मोबाइल को फौरन चार्जिंग पर लगा, वह फिर कामिनी से बात करने लगा।

कामिनी ने उससे अगले दिन के ट्रेनिंग सेशन के बारे में पूछा। यह भी जानना चाहा कि ट्रेनिंग के बीच कब-कब उसे ब्रेक मिलेगा और उसे एक बार फिर याद दिलाया कि जब भी उसे मौका मिले, वह कामिनी को कॉल जरूर कर ले। सुबह ट्रेनिंग सेशन से पहले थोड़ी तैयारी करनी थी, लिहाजा

रणविजय ने कुछ देर में गुड नाइट बोलकर फोन रख दिया।

अगली सुबह ट्रेनिंग का पहला दिन था। ट्रेनिंग पर जाने से पहले रणविजय ने फिर से कामिनी को कॉल किया। रणविजय ने कामिनी को बताया कि उसे पता चला है कि ट्रेनिंग के बीच ज्यादा ब्रेक नहीं होंगे, लेकिन वह चिंता न करे, वह बीच-बीच में बाथरूम ब्रेक के बहाने कामिनी से बात कर लेगा। ब्रेक न होने की बात सुनकर कामिनी की आवाज में थोड़ी बेचैनी आ गई। रणविजय भी कामिनी की स्थिति को अच्छे से समझ गया।

उसने पहले दिन से ही बिना लापरवाही के हर कुछ देर में कामिनी से मैसेज या फोन पर बात की। रणविजय की ट्रेनिंग क्वालिटी और टाइम मैनेजमेंट को लेकर थी, लेकिन रणविजय ने मुश्किल से ही इस ट्रेनिंग पर कोई ध्यान दिया हो। इसके उलट वह तो ट्रेनिंग के बीच में भी कामिनी से अपनी बातचीत मैनेज करने में लगा रहा। रणविजय को बार-बार ब्रेक पर हॉल से बाहर जाता देख उसके मैनेजर को अजीब लगा। उन्होंने आँख के इशारे से रणविजय को अपनी नाराजगी भी जाहिर की, मगर रणविजय पर इसका कोई असर नहीं पड़ा।

उसने पहले दिन से ही बिना लापरवाही के हर कुछ देर में कामिनी से मैसेज या फोन पर बात की। रणविजय की ट्रेनिंग क्वालिटी और टाइम मैनेजमेंट को लेकर थी, लेकिन रणविजय ने मुश्किल से ही इस ट्रेनिंग पर कोई ध्यान दिया हो।

यही सिलसिला अगले 3-4 दिन तक चलता रहा। इस बीच रणविजय ने एक अजीब सी बात नोट की। रणविजय ने नोट किया कि उसके मैसेज करने पर कामिनी अब उसे फौरन जवाब नहीं दे रही थी। ऐसा भी कई बार हुआ था कि रणविजय ने कॉल किया और कामिनी ने फोन उठाया ही नहीं, वरना अकसर वह तीसरी रिंग जाने से पहले ही रणविजय का फोन उठा लेती थी।

इस बारे में जब रणविजय ने कामिनी से प्यार भरे अंदाज में शिकायत

की, तब भी उसे इसका कोई संतोषजनक जवाब नहीं मिला। कामिनी की यह बेरुखी रणविजय को अजीब लग रही थी और यही सिलसिला इसके बाद भी चलता रहा।

शुरू में जहाँ उसकी कामिनी से हर घंटे बात होती थी, हर थोड़ी देर में कामिनी का रणविजय के पास मैसेज आता था, वहीं अब यह सिलसिला लगभग थम-सा गया था। रणविजय के 6 बार कॉल करने पर कामिनी कभी एक बार फोन उठाती। उसमें भी वह किसी काम का बहाना बनाकर फोन काट देती। कभी फोन न उठाने की बात पर वह यह कहती कि मैं सो रही थी तो कभी फोन दूसरे कमरे में होने की बात करती और फिर एक दिन कामिनी ने बताया कि उसकी तबीयत ठीक नहीं है। वह डॉक्टर से दवा लेकर आई है और डॉक्टर ने ही उसे फोन पर ज्यादा बात न करने की सलाह दी है।

शुरू में जहाँ उसकी कामिनी से हर घंटे बात होती थी, हर थोड़ी देर में कामिनी का रणविजय के पास मैसेज आता था, वहीं अब यह सिलसिला लगभग थम-सा गया था। रणविजय के 6 बार कॉल करने पर कामिनी कभी एक बार फोन उठाती। उसमें भी वह किसी काम का बहाना बनाकर फोन काट देती।

कामिनी ने जिस अंदाज में रणविजय को अपनी सेहत की बात बताई, वह उसे काफी अजीब लगी। रणविजय को इतना समझ आ रहा था कि चीजें जैसी बताई जा रही हैं, वैसी तो नहीं हैं, मगर कामिनी पर शक करने की उसके पास कोई वजह भी नहीं थी और दोनों के बीच इतनी लंबी बातचीत भी नहीं हो पा रही थी कि वह कामिनी से उसके बदले रवैए के बारे में कोई सवाल पूछ पाए।

लेकिन इस बीच बात थोड़ी और आगे बढ़ गई। एक दिन रणविजय के 10-15 कॉल करने के बाद भी कामिनी ने फोन नहीं उठाया। न उसने मैसेज कर रणविजय को बताना जरूरी समझा कि वह उसका फोन पिक क्यों नहीं

कर पा रही। रणविजय उस वक्त अपनी ट्रेनिंग में था, मगर ट्रेनिंग में उसका रत्तीभर भी मन नहीं लग रहा था। उसकी नजरें लगातार अपनी मोबाइल स्क्रीन पर टिकी हुई थीं। वह लगातार कामिनी के कॉल या मैसेज का वेट कर रहा था। शाम होने तक जब कामिनी का कोई जवाब नहीं आया तो उसने घबराकर संजय को कॉल कर इस बारे में बताया।

संजय ने तसल्ली दी कि कोई गड़बड़ नहीं हुई होगी। वह थोड़ा वेट करे। हो सकता है कामिनी ऑफिस जाते समय मोबाइल घर भूल गई हो। वह बोला कि अभी वह किसी जरूरी काम में बिजी है और अगर कुछ देर और रणविजय की कामिनी से बात नहीं हो पाती तो वह खुद रणविजय के घर जाकर कामिनी का हाल जान आएगा।

संजय ने तसल्ली दी कि कोई गड़बड़ नहीं हुई होगी। वह थोड़ा वेट करे। हो सकता है कामिनी ऑफिस जाते समय मोबाइल घर भूल गई हो। वह बोला कि अभी वह किसी जरूरी काम में बिजी है और अगर कुछ देर और रणविजय की कामिनी से बात नहीं हो पाती तो वह खुद रणविजय के घर जाकर कामिनी का हाल जान आएगा।

अगले दिन ट्रेनिंग में जाने के लिए रणविजय सुबह होटल के कमरे में तैयार हो रहा था, तभी चार्जिंग पर लगा उसका फोन घनघनाया। वह कामिनी के कॉल की उम्मीद में फौरन फोन की तरफ लपका, मगर स्क्रीन पर संजय का नंबर फ्लैश हो रहा था। उसने उम्मीद और घबराहट में कॉल पिक किया तो संजय की बात ने उसके होश फाख्ता कर दिए। संजय ने बताया कि वह रणविजय के घर गया था, मगर कामिनी वहाँ नहीं थी।

कामिनी के घर पर न होने की बात सुनकर रणविजय का दिल जोरों से धड़कने लगा। पिछले कुछ दिनों से कामिनी का अजीब बरताव, पिछले 24 घंटे में कामिनी का उसका फोन न उठाना। ये सब बातें मिलकर उसके मन में

अनहोनी की आशंका पैदा कर रही थीं। संजय ने उसे समझाया कि हो सकता है, वह किसी सहेली के घर गई हो या फिर दोबारा डॉक्टर को दिखाने गई हो, मगर रणविजय का मन ऐसी किसी बात को मानने को तैयार नहीं था।

हर बीतते पल के साथ उसकी धड़कनें बढ़ती जा रही थीं। नकारात्मक विचारों ने उसके दिमाग पर धावा बोल दिया था। वह सोचने लगा कि कामिनी के घरवाले कहीं उसे जबरन अपने साथ तो नहीं ले गए? उसने कामिनी को दो बार कॉल लगाया, मगर इस बार कामिनी का फोन स्विच ऑफ आ रहा था। उसने सोचा कि कामिनी के घरवालों को फोन कर वह उसके बारे में पूछ ले, मगर तभी उसे खयाल आया कि कामिनी के घरवालों का नंबर तो उसके पास है ही नहीं।

इतने वक्त साथ रहने के बावजूद रणविजय को कभी कामिनी के परिवारवालों का नंबर लेने की जरूरत महसूस नहीं हुई थी। उसे समझ नहीं आ रहा था कि कामिनी के बारे में किससे बात करे, तभी घबराहट में उसने संजय से अपनी वापसी का टिकट करवाने की बात की। संजय ने उसे ऐसी जल्दबाजी न दिखाने की सलाह दी। संजय का कहना था कि इस तरह उसके ट्रेनिंग बीच में छोड़कर आने से बॉस नाराज हो सकता है, वैसे भी उसके पिछले 2-3 महीने ऑफिस में ठीक नहीं रहे हैं, मगर रणविजय ऐसी किसी बात को सुनने को तैयार नहीं था।

हर बीतते पल के साथ उसकी धड़कनें बढ़ती जा रही थीं। नकारात्मक विचारों ने उसके दिमाग पर धावा बोल दिया था। वह सोचने लगा कि कामिनी के घरवाले कहीं उसे जबरन अपने साथ तो नहीं ले गए? उसने कामिनी को दो बार कॉल लगाया, मगर इस बार कामिनी का फोन स्विच ऑफ आ रहा था।

संजय उसका टिकट करवाने के लिए तैयार नहीं हुआ तो उसने खुद ही उसी दिन की वापसी की टिकट करवा ली। एयरपोर्ट से घर लौटते वक्त

रणविजय हर पल कामिनी के बारे में ही सोच रहा था। उसने घर लौटने के दौरान न जाने कितनी बार कामिनी को कॉल करने की कोशिश की, लेकिन उसका फोन बराबर स्विच ऑफ आता रहा। एयरपोर्ट से घर तक का घंटे भर का सफर रणविजय को सदियों का लग रहा था। दिमाग की नसें तनाव से फड़फड़ा रही थीं। वह साँस नहीं ले पा रहा था। टैक्सी की खिड़की से बाहर दिख रही सारी दुनिया, सारी आवाजें उसके लिए बेमानी हो गई थीं।

इस बीच टैक्सी उसके घर के बाहर पहुँच गई। ड्राइवर को पैसे देने के बाद रणविजय जितनी तेजी से ऊपर जा सकता था, वह दौड़कर ऊपर पहुँचा, मगर किस्मत उस पर मेहरबान होने के मूड में नहीं थी, जैसा संजय ने बताया था दरवाजे पर कुंडी लगी थी और अंदर कोई नहीं था, फिर भी रणविजय 'कामिनी-कामिनी' चिल्लाते हुए 5 मिनट तक घर के चक्कर लगाता रहा। कामिनी को ढूँढ़ते हुए उसने घर का कोना-कोना छान मारा, मगर पलटकर कामिनी की आवाज नहीं सुनाई दी।

इस बीच टैक्सी उसके घर के बाहर पहुँच गई। ड्राइवर को पैसे देने के बाद रणविजय जितनी तेजी से ऊपर जा सकता था, वह दौड़कर ऊपर पहुँचा, मगर किस्मत उस पर मेहरबान होने के मूड में नहीं थी, जैसा संजय ने बताया था दरवाजे पर कुंडी लगी थी और अंदर कोई नहीं था, फिर भी रणविजय 'कामिनी-कामिनी' चिल्लाते हुए 5 मिनट तक घर के चक्कर लगाता रहा।

रणविजय ने घबराहट में संजय को कॉल कर अपने दिल्ली आने की बात बताई। कुछ ही देर में संजय भी वहाँ था। दोनों समझ नहीं पा रहे थे कि कामिनी इस तरह कहाँ चली गई। उससे भी ज्यादा हैरानी इस बात की थी कि कामिनी का फोन क्यों नहीं मिल रहा था। दोनों कामिनी की गुमशुदगी की रिपोर्ट लिखवाने थाने पहुँचे, मगर पुलिसवालों का रवैया भी वहाँ बेहद अजीब था।

पुलिस का कहना था कि कामिनी का फोन स्विच ऑफ होने भर से हम यह नहीं मान सकते कि वह गायब हुई है और यह मानने का भी कोई ठोस आधार नहीं है कि किसी ने उसे अगवा किया है। कामिनी बालिग है, वह अपनी मर्जी से भी कहीं जा सकती है।

मंदिर में शादी होने की वजह से रणविजय के पास दोनों की शादी का भी कोई सबूत नहीं था। बिना ऐसे किसी सबूत के पुलिसवाले रणविजय की शिकायत पर जाँच करने को तैयार नहीं थे। पुलिस ने रणविजय को सलाह दी कि वह कामिनी के घरवालों से इस बारे में बात करे और वे लोग अगर कामिनी की गुमशुदगी की शिकायत करते हैं, तब पुलिस जरूर काररवाई कर सकती है।

मंदिर में शादी होने की वजह से रणविजय के पास दोनों की शादी का भी कोई सबूत नहीं था। बिना ऐसे किसी सबूत के पुलिसवाले रणविजय की शिकायत पर जाँच करने को तैयार नहीं थे। पुलिस ने रणविजय को सलाह दी कि वह कामिनी के घरवालों से इस बारे में बात करे और वे लोग अगर कामिनी की गुमशुदगी की शिकायत करते हैं, तब पुलिस जरूर काररवाई कर सकती है।

पुलिस की इस सलाह ने रणविजय को धर्मसंकट में डाल दिया। एक तो उसके पास कामिनी के घरवालों का नंबर नहीं था, जैसे-तैसे वह कहीं से नंबर ले भी ले तो भी वह किस मुँह से उसके माता-पिता को कामिनी के गुम होने के बारे में बताएगा। न कभी उसकी कामिनी के माता-पिता से कोई बात हुई और न ही कामिनी ने उन्हें कभी रणविजय से अपनी शादी के बारे में बताया था।

रणविजय को समझ नहीं आ रहा था कि वह क्या करे। वक्त तेजी से उसके हाथ से निकला जा रहा था। कामिनी की सलामती की चिंता उसे खाए जा रही थी। संजय जैसे-तैसे उसे सँभालने की कोशिश कर रहा था। संजय ने उसे कुछ देर के लिए अपने घर चलकर आराम करने की सलाह दी, मगर

रणविजय अपने घर से हिलने को तैयार नहीं था। उसे अब भी उम्मीद थी कि कामिनी कभी भी घर वापस लौट सकती है।

वह अपने घर के दरवाजे से बाहर गली की तरफ एकटक देखे जा रहा था। हर इनसानी आकृति उसे कामिनी का ही रूप लग रही थी। घंटों इस तरह दरवाजे पर खड़े-खड़े कामिनी का इंतजार करते-करते जब वह थक गया तो अंदर आकर बिस्तर पर लेट गया।

उसका दिमाग अब भी कोई रास्ता तलाश रहा था, तभी उसे अपने एक दोस्त अतुल का खयाल आया, जिसका कोई परिचित पुलिस की सर्विलांस टीम में था। रणविजय ने फौरन अतुल को कॉल कर अपने परिचित से कामिनी का मोबाइल ट्रेस करने की बात की। मामला गुमशुदगी का होने के कारण अतुल शुरू में आनाकानी कर रहा था, मगर रणविजय की बेबसी देखकर वह तैयार हो गया।

उसका दिमाग अब भी कोई रास्ता तलाश रहा था, तभी उसे अपने एक दोस्त अतुल का खयाल आया, जिसका कोई परिचित पुलिस की सर्विलांस टीम में था। रणविजय ने फौरन अतुल को कॉल कर अपने परिचित से कामिनी का मोबाइल ट्रेस करने की बात की। मामला गुमशुदगी का होने के कारण अतुल शुरू में आनाकानी कर रहा था, मगर रणविजय की बेबसी देखकर वह तैयार हो गया।

अतुल ने बताया कि इस काम में कुछ घंटे लग सकते हैं, मगर रणविजय के पास इंतजार करने के अलावा कोई चारा नहीं था। उसने कामिनी के मोबाइल नंबर और फोन की सारी डिटेल्स अतुल को मैसेज कर दीं। इसके बाद वह किसी करिश्मे की उम्मीद करने लगा। रणविजय का दिल कह रहा था कि जल्द ही उसे कामिनी को लेकर गुड न्यूज मिल जाएगी।

तकरीबन 5-6 घंटे बाद अतुल का कॉल आया। उसका नाम स्क्रीन पर देखते ही रणविजय के दिल की धड़कनें तेज हो गईं, पर अतुल के जवाब

ने रणविजय को हैरान कर दिया। अतुल ने बताया कि कामिनी की आखिरी लोकेशन में तो रणविजय का फ्लैट ही नजर आ रहा है, उसके बाद का कोई डेटा नहीं है।

अतुल के जवाब ने एक झटके में रणविजय की उम्मीदें चकनाचूर कर दीं। उसे लगा, जैसे किसी ने उसके शरीर का सारा खून सोख लिया हो। उसकी सारी चेतना जड़ हो गई। वह निढाल होकर वहीं गिर पड़ा।

कुछ देर इसी तरह जड़ रहने के बाद उसने दोबारा हिम्मत जुटाई और सोचने लगा कि आगे क्या करे? किसके पास जाए? तभी अचानक उसे अपनी माँ की बहुत याद आने लगी। वह याद करने लगा कि कैसे बचपन में बड़ी-से-बड़ी मुसीबत में वह माँ के गले लगकर रो देता था।

कुछ देर इसी तरह जड़ रहने के बाद उसने दोबारा हिम्मत जुटाई और सोचने लगा कि आगे क्या करे? किसके पास जाए? तभी अचानक उसे अपनी माँ की बहुत याद आने लगी। वह याद करने लगा कि कैसे बचपन में बड़ी-से-बड़ी मुसीबत में वह माँ के गले लगकर रो देता था। माँ का आलिंगन पाकर लगता था कि वह दुनिया की हर मुसीबत को झेल जाएगा और आज वह अपने जीवन की सबसे बड़ी मुश्किल में फँसा है तो चाहकर भी माँ को बता नहीं सकता।

वह किस मुँह से उन्हें फोन करे। उसका मन आसरा ढूँढ़ रहा था, मगर वह नहीं जानता था कि कहाँ जाए, तभी उसे कमला आंटी की याद आई। कामिनी के चलते रणविजय ने उनसे संबंध खराब कर लिये थे; और तो और उसने आंटी को अपनी शादी तक पर नहीं बुलाया था। इस सबके बारे में सोचकर रणविजय को शर्मिंदगी होने लगी, पर उसे भरोसा था कि अगर वह आंटी के पास जाकर अपनी स्थिति बताएगा तो आंटी जरूर कोई-न-कोई रास्ता निकाल लेंगी।

आंटी के पास जाऊँ या नहीं, कुछ देर तक इसी उधेड़बुन में रहने के बाद आखिरकार रणविजय ने आंटी के पास जाने का फैसला कर लिया। रणविजय

को दरवाजे पर देखकर आंटी भावुक हो गईं। उसने आगे बढ़कर उनके पैर छू लिये तो वे उसे गले लगाकर रोने लगीं। आंटी के आँसू देखकर रणविजय की हिम्मत का बाँध भी टूट गया। वह भी फूट-फूटकर रोने लगा। रणविजय को देखकर आंटी फौरन समझ गईं कि कोई अनहोनी हुई है। उन्होंने घबराते हुए उससे पूछा, "क्या हुआ रणविजय ? क्या हुआ बेटा ?"

"आंटी, मैं बरबाद हो गया, मुझे कुछ समझ नहीं आ रहा कि मैं क्या करूँ, कहाँ जाऊँ!" रणविजय आँसू पोंछते हुए कहने लगा।

"बेटा, लेकिन हुआ क्या, जल्दी बताओ, मुझे घबराहट हो रही है," आंटी ने हड़बड़ाहट में पूछा।

इसके बाद रणविजय ने शादी से लेकर कामिनी के गायब होने तक की सारी कहानी बयाँ कर दी। आंटी धैर्यपूर्वक सारी बात सुनती रहीं। रणविजय की हालत देख आंटी समझ चुकी थीं कि उसने एक-दो दिन से कुछ खाया भी नहीं है। आंटी ने रणविजय को ढाढ़स बँधाते हुए पहले उसे खाना खिलाया और फिर भरोसा जताया कि वे दोनों मिलकर कामिनी को ढूँढ़ ही लेंगे।

इसके बाद रणविजय ने शादी से लेकर कामिनी के गायब होने तक की सारी कहानी बयाँ कर दी। आंटी धैर्यपूर्वक सारी बात सुनती रहीं। रणविजय की हालत देख आंटी समझ चुकी थीं कि उसने एक-दो दिन से कुछ खाया भी नहीं है। आंटी ने रणविजय को ढाढ़स बँधाते हुए पहले उसे खाना खिलाया और फिर भरोसा जताया कि वे दोनों मिलकर कामिनी को ढूँढ़ ही लेंगे।

रणविजय भी जानता था कि अकेली आंटी इस बारे में कर ही क्या सकती हैं, मगर फिर भी उनसे बात करके, उनसे तसल्ली पाकर रणविजय को अच्छा लग रहा था। वह अब खुद को उतना तनहा नहीं पा रहा था, जितना कुछ देर पहले था।

कुछ देर शांत रहने के बाद रणविजय ने आंटी को बताया कि अचानक

ट्रेनिंग छोड़कर वापस आने की वजह से ऑफिसवालों ने भी उसकी तनख्वाह रोक ली है, जिसकी वजह से वह इस महीने अपनी कोई ई.एम.आई. भी नहीं भर पाया है।

इस पर आंटी ने रणविजय को समझाते हुए कहा, "बेटा, मैं समझ सकती हूँ कि कामिनी के यूँ अचानक गायब हो जाने से तुम बहुत परेशान हो, लेकिन मैं सलाह दूँगी कि तुम एक-आध दिन के लिए बीच में ऑफिस जरूर जाओ। ऑफिसवालों को अपनी स्थिति बताओ, हो सकता है तुम्हारे हालात समझकर वे तुम्हारी तनख्वाह दे दें।"

इस पर रणविजय ने आंटी को बताया कि ऑफिसवाला मामला तो वह फिर भी हैंडल कर लेगा, लेकिन तनख्वाह न आने की वजह से इस महीने कुछ ई.एम.आई. बाउंस हो गई हैं। बैंकवालों का कहना है कि अगर जल्द ही उसने इस मामले को नहीं सुलझाया तो उसके खिलाफ क्रिमिनल केस भी हो सकता है।

इस पर रणविजय ने आंटी को बताया कि ऑफिसवाला मामला तो वह फिर भी हैंडल कर लेगा, लेकिन तनख्वाह न आने की वजह से इस महीने कुछ ई.एम.आई. बाउंस हो गई हैं। बैंकवालों का कहना है कि अगर जल्द ही उसने इस मामले को नहीं सुलझाया तो उसके खिलाफ क्रिमिनल केस भी हो सकता है।

रणविजय के मुँह से क्रिमिनल केस की बात सुनकर आंटी भी घबरा गईं। उन्होंने उसे सलाह दी कि बेहतर होगा कि वह अपना सामान बेचकर उससे ई.एम.आई. के बचे हुए पैसे चुका दे। इसके बाद भी लोन का जो पैसा बचेगा, उसे वह बाद में सैलरी आने पर धीरे-धीरे दे दे। इससे कम-से-कम लोन का मोटा पैसा तो उतरेगा।

सामान बेचकर पैसे चुकाने की बात काफी दिल तोड़नेवाली थी, लेकिन रणविजय भी जानता था कि इस वक्त उसके पास इसके अलावा कोई चारा

भी नहीं था, तभी वह कुछ सोचकर आंटी से बोला, “आंटी, अगर आपको कुछ जरूरी काम न हो तो क्या कुछ देर के लिए मेरे घर चलेंगी? मैं चाहता हूँ कि आप भी मेरे साथ यह देख लें कि कौन से सामान को अभी बेचा जा सकता है।”

आंटी के ‘हाँ’ करने के बाद दोनों रणविजय के घर चल दिए।

रणविजय ने घर पहुँचकर देखा कि बहुत सा सामान तो वहाँ पहले से ही नहीं है। कामिनी के जाने के बाद से वह इतना तनाव में था कि उसे एहसास ही नहीं हुआ था कि घर का काफी सामान तो अपनी जगह पर है ही नहीं, जब उसने पूरे घर में घूम-घूमकर चेक किया तो उसके पैरों तले की जमीन ही खिसक गई। उसने देखा कि हॉल में लगा टी.वी., नई वाशिंग मशीन और महँगे डिश वॉशर तक कई चीजें वहाँ से गायब थीं।

रणविजय ने घर पहुँचकर देखा कि बहुत सा सामान तो वहाँ पहले से ही नहीं है। कामिनी के जाने के बाद से वह इतना तनाव में था कि उसे एहसास ही नहीं हुआ था कि घर का काफी सामान तो अपनी जगह पर है ही नहीं, जब उसने पूरे घर में घूम-घूमकर चेक किया तो उसके पैरों तले की जमीन ही खिसक गई।

कामिनी के साथ ही चीजों के गायब हो जाने पर रणविजय का माथा ठनका। आंटी ने उसे फौरन पुलिस में इसकी शिकायत करने की सलाह दी।

रणविजय ने पुलिस के साथ हुए अब तक के उसके तजुर्बे को आंटी को बताने के बजाय चुप रहना बेहतर समझा। उसने कहा कि वह अपने दोस्त संजय के साथ किसी वकील को लेकर जल्द ही थाने चला जाएगा।

आंटी के जाने के बाद रणविजय ने सामानवाली बात बताने के लिए संजय को कॉल लगाया, मगर काफी देर तक घंटी जाने के बाद भी संजय ने फोन नहीं उठाया, तभी रणविजय को महसूस हुआ कि उसके मुंबई से लौटने के बाद से ही संजय उससे ठीक से नहीं मिला है। पहले दिन उसके फोन

करने पर संजय जरूर आया था, लेकिन तब से संजय का कोई पता-ठिकाना नहीं था। उसके बाद से ही उसने रणविजय की खैर-खबर नहीं ली थी।

मगर उसने इस बात को ज्यादा तवज्जो नहीं दी। उसे लगा कि शायद वह ऑफिस के काम में ज्यादा ही व्यस्त हो। रणविजय ने शाम को जब संजय को दोबारा फोन लगाया तो उसने फिर पिक नहीं किया। रणविजय घर से सामान गायब होनेवाली बात संजय को बताने के लिए बेचैन था। संजय के बार-बार फोन न उठाने की सूरत में वह खुद ही कुछ देर में उसके घर के लिए निकल पड़ा। संजय के घर की गली में पहुँचकर रणविजय ने पूरा एड्रेस जानने के लिए उसे कॉल किया, मगर संजय ने तब भी फोन नहीं उठाया।

रणविजय ने अपनी याददाश्त पर थोड़ा जोर डाला और एक-आध लोगों से पूछता हुआ आखिरकार वह संजय के घर पहुँच ही गया। वहाँ पहुँचकर रणविजय ने बाहर लगा लोहे का गेट खटखटाया, जब थोड़ी देर तक कोई बाहर नहीं आया तो रणविजय ने खुद ही दरवाजे को अंदर की ओर धकेल दिया।

रणविजय ने अपनी याददाश्त पर थोड़ा जोर डाला और एक-आध लोगों से पूछता हुआ आखिरकार वह संजय के घर पहुँच ही गया। वहाँ पहुँचकर रणविजय ने बाहर लगा लोहे का गेट खटखटाया, जब थोड़ी देर तक कोई बाहर नहीं आया तो रणविजय ने खुद ही दरवाजे को अंदर की ओर धकेल दिया। इससे पहले कि रणविजय अंदर जाने के लिए पहला कदम उठाता, एक झटके से उसकी चीख निकल गई। उसके सामने कोई और नहीं, बल्कि खुद कामिनी खड़ी थी। रणविजय इस तरह कामिनी को सही-सलामत देखकर खुशी से उछल पड़ा, पर अगले ही क्षण कामिनी के संजय के घर होने की बात ने उसे हिला दिया। उसने कामिनी का हाथ थामना चाहा तो कामिनी ने उसका हाथ झटक दिया। वह थोड़ा और आगे बढ़ा तो कामिनी ने और ज्यादा ताकत से खुद को पीछे धकेल लिया।

कामिनी के इन तेवरों ने रणविजय को परेशान कर दिया। वह खीझकर बोला, "कामिनी, यह सब क्या है, तुम क्यों मुझसे भाग रही हो और संजय के घर क्या कर रही हो, जानती हो पिछले 5 दिनों से तुम्हारे लिए मैं कहाँ-कहाँ नहीं भटका, ऊपर से तुमने अपना फोन भी बंद कर रखा है, कोई मुझे बताएगा, आखिर यह सब चल क्या रहा है, क्या तुम्हारा मुझसे कोई रिश्ता नहीं बचा ?"

रणविजय ने एक साथ कई सारे सवाल कामिनी पर दाग दिए। कामिनी का रूखापन, उसकी चुप्पी रणविजय को पागल किए जा रही थी, तभी कामिनी ने एक कोने में जाकर फटाफट किसी को फोन लगाया।

कामिनी, यह सब क्या है, तुम क्यों मुझसे भाग रही हो और संजय के घर क्या कर रही हो, जानती हो पिछले 5 दिनों से तुम्हारे लिए मैं कहाँ-कहाँ नहीं भटका, ऊपर से तुमने अपना फोन भी बंद कर रखा है, कोई मुझे बताएगा, आखिर यह सब चल क्या रहा है, क्या तुम्हारा मुझसे कोई रिश्ता नहीं बचा ?

रणविजय ने एक बार फिर आगे बढ़कर कामिनी का हाथ थामना चाहा, तभी उसे किसी ने पीछे से जोरदार धक्का दिया। रणविजय एक झटके में नीचे गिर गया। उसने पीछे मुड़कर देखा तो सामने संजय खड़ा था।

संजय का चेहरा गुस्से से तमतमा रहा था। इससे पहले रणविजय कुछ बोलता, संजय ने चिल्लाते हुए कहा, "निकल जाओ यहाँ से, तुम्हारी हिम्मत कैसे हुई इस तरह इस घर में घुसने की, एक औरत से जबरदस्ती करने की ?"

संजय के मुँह से ऐसी बात सुनकर रणविजय को लगा मानो एकाएक उसके ऊपर बिजली गिर गई है। उसकी सपनों की दुनिया एक झटके में ढह गई है। वह लड़की, जिसके लिए उसने अपने माता-पिता को छोड़ दिया, अपनी जात-बिरादरी से बैर मोल ले बैठा, अपने कॅरियर तक को ताक पर

रख दिया, उसके सामने एक अजनबी की तरह खड़ी है और उसका प्रिय दोस्त, जो उसके लिए भाइयों से भी बढ़कर था, उसे अपने घर से धक्के देकर निकाल रहा था।

रणविजय को सच में लगा कि वह कोई बुरा सपना देख रहा है। अभी एक झटके से उसकी आँख खुलेगी और वह कामिनी के साथ अपने घर में बैठा होगा, लेकिन अफसोस, ऐसा कुछ नहीं हुआ। उसके सामने जीवन का सबसे कड़वा यथार्थ खड़ा था।

रणविजय को सच में लगा कि वह कोई बुरा सपना देख रहा है। अभी एक झटके से उसकी आँख खुलेगी और वह कामिनी के साथ अपने घर में बैठा होगा, लेकिन अफसोस, ऐसा कुछ नहीं हुआ। उसके सामने जीवन का सबसे कड़वा यथार्थ खड़ा था।

इससे पहले कि रणविजय दोनों से कोई सवाल पूछ पाता, वहाँ पड़ोसियों का मजमा लग गया। लोगों के पूछने पर कि क्या हुआ, संजय ने बताया कि यह आदमी मेरी बीवी से छेड़खानी कर रहा था और रोकने पर मुझसे हाथापाई करने लगा।

संजय के ऐसा कहते ही वहाँ जमा भीड़ रणविजय के साथ गाली-गलौज करने लगी। कुछ लोगों ने तो उसके साथ हाथापाई ही शुरू कर दी।

भीड़ का समर्थन जुटाने के लिए संजय कहने लगा, "यह आदमी मेरे ऑफिस में काम करता है। अकसर लोगों से उधार माँगता है। साथ काम करनेवाली लड़कियों से गलत सलूक करता है। मुझसे भी कई दिनों से उधार माँग रहा था। मना किया तो आज जबरन घर आ गया। मैं बाहर था तो मौका देखकर मेरी बीवी के साथ बदसलूकी करने लगा।"

संजय के मुँह से बदसलूकी की बात सुनकर एक आदमी ने पुलिस को फोन कर दिया। कुछ ही देर में पुलिस की एक गाड़ी संजय के घर के सामने थी। पुलिस ने छेड़खानीवाली बात की कामिनी से पुष्टि करनी चाही तो उसने

फौरन संजय की हाँ-में-हाँ मिला दी। यह देखकर रणविजय का सीना छलनी हो गया। जिस लड़की को उसने अपने माता-पिता से ज्यादा चाहा, आज वह पुलिस के सामने उसके चरित्र के चिथड़े-चिथड़े कर रही थी। सैकड़ों लोगों के सामने उसकी इज्जत की धज्जियाँ उड़ा रही थी। उसे अब भी यकीन नहीं हो रहा था कि वह जो सबकुछ देख-सुन रहा है, वह वाकई उसके साथ हो रहा है।

कामिनी के रणविजय के खिलाफ बयान देने के बाद पुलिस ने उसे अपनी गाड़ी में बैठा लिया। एक पुलिस अधिकारी ने कामिनी से थाने में आकर रणविजय के खिलाफ औपचारिक शिकायत दर्ज कराने को कहा। कुछ देर में पुलिस की गाड़ी वहाँ से निकल गई। पीछे-पीछे संजय और कामिनी भी बाइक पर थाने पहुँच गए। थाने पहुँचकर कामिनी ने फिर से वही बातें दोहराईं। जिस तरह वह रणविजय पर एक-एक करके इल्जाम लगा रही थी, ऐसा लगता था कि वह यह सब बोलने का काफी अभ्यास कर चुकी है।

कामिनी के रणविजय के खिलाफ बयान देने के बाद पुलिस ने उसे अपनी गाड़ी में बैठा लिया। एक पुलिस अधिकारी ने कामिनी से थाने में आकर रणविजय के खिलाफ औपचारिक शिकायत दर्ज कराने को कहा। कुछ देर में पुलिस की गाड़ी वहाँ से निकल गई। पीछे-पीछे संजय और कामिनी भी बाइक पर थाने पहुँच गए।

कामिनी के बयान दर्ज करवाने के बाद रणविजय के खिलाफ मामला दर्ज कर उसे हिरासत में ले लिया गया। इसके बाद कामिनी का मेडिकल कराने के आदेश दिए गए। संजय और कामिनी को अगले दिन धारा 164 के तहत मजिस्ट्रेट के सामने बयान दर्ज करवाने के लिए बुलाया गया।

रणविजय रात भर पुलिस कस्टडी में रहा। अगले दिन सुबह उसे मजिस्ट्रेट के सामने पेश करके 14 दिन की कस्टडी में भेज दिया गया।

कामिनी ने अगले दिन, फिर वही बातें मजिस्ट्रेट के सामने दोहरा दीं, जिन्हें सी.आर.पी.सी. की धारा के तहत कलमबद्ध कर लिया गया।

यह सब इतनी तेजी से हुआ कि रणविजय कुछ समझ नहीं पाया। चंद घंटों में ही उसकी दुनिया उजड़ चुकी थी। आई.ए.एस. ऑफिसर का ख्वाब पालनेवाला एक युवा आज धारा 164 के केस में सलाखों के पीछे था। सम्मानित अफसर बनना तो दूर वह एक इज्जतदार नागरिक भी नहीं रह गया था। वह एक ऐसे गहरे दलदल में समा चुका था, जहाँ से निकलने की उसे कोई उम्मीद नजर नहीं आ रही थी।

रणविजय वहाँ मौजूद पुलिसवालों के सामने लगातार अपनी बेगुनाही की बात दोहरा रहा था। दिन-रात अपराधियों के बीच रहनेवाले पुलिसवाले भी उसे पूरी ईमानदारी से जाँच का भरोसा दे रहे थे, मगर जमानत की बात पर उन्होंने भी साफ कह दिया था कि यह काम सिर्फ कोर्ट ही कर सकता है।

रणविजय वहाँ मौजूद पुलिसवालों के सामने लगातार अपनी बेगुनाही की बात दोहरा रहा था। दिन-रात अपराधियों के बीच रहनेवाले पुलिसवाले भी उसे पूरी ईमानदारी से जाँच का भरोसा दे रहे थे, मगर जमानत की बात पर उन्होंने भी साफ कह दिया था कि यह काम सिर्फ कोर्ट ही कर सकता है। उन्होंने रणविजय को अपने लिए अच्छा सा वकील करके जमानत के पेपर दाखिल करने की सलाह दी।

रणविजय की गिफ्तारी से पहले पुलिस ने उसके पिताजी को फोन कर उस पर लगे बलात्कार के आरोप की जानकारी दे दी थी। रणविजय के लिए यह जीते-जी मरने जैसा था। कहाँ तो वह अपने माता-पिता की, गाँव-कस्बे की शान हुआ करता था और कहाँ आज पुलिसवाले उसके पिताजी को फोन कर उस पर लगे बलात्कार के इल्जाम की जानकारी दे रहे थे।

पुलिसवालों ने रणविजय को बताया कि भले ही बलात्कार न हुआ हो,

लेकिन नए कानून के हिसाब से कामिनी ने उसके खिलाफ जो शिकायत की है, उसमें उस पर धारा बलात्कार की ही लगेगी।

कुछ ही देर में रणविजय को तिहाड़ जेल नंबर आठ में पहुँचा दिया गया। 24 घंटे पहले जिस लड़की की सलामती के लिए वह मारा-मारा फिर रहा था, उस लड़की के एक बयान ने उसे जीते-जी मार दिया था। दुनिया की नजरों में वह बलात्कारी हो चुका था। कहते हैं, इनसान इसी जन्म में अपने कुकर्मों की सजा भुगतता है। रणविजय सोच रहा था कि उससे ऐसा क्या गुनाह हो गया, जो ईश्वर ने उसे इतनी बड़ी सजा दे दी। उसने किसी का ऐसा क्या बुरा चाहा, जो हालात ने उसे एक बलात्कारी बना दिया। वह उस परिवेश से आया था, जहाँ किसी को उसकी मर्जी के बिना छूना तो दूर किसी को अपनी नजरों से असहज करना भी गुनाह माना जाता था।

वह जेल के उस माहौल में अपराधी बनकर खड़ा था और उसकी ग्लानि और पीड़ा बढ़ती जा रही थी, तभी उसे अपने पिताजी का खयाल आया, वह सोचने लगा कि जब पुलिसवालों ने पिताजी को मुझ पर लगे आरोप के बारे में बताया होगा तो उनकी क्या हालत हुई होगी? भगवान् जाने वे अब किस हाल में होंगे? क्या उन्होंने माँ को भी इस बारे में बताया होगा? क्या माँ-पिताजी ने मुझ पर लगे इन आरोपों पर यकीन कर लिया होगा?

वह जेल के उस माहौल में अपराधी बनकर खड़ा था और उसकी ग्लानि और पीड़ा बढ़ती जा रही थी, तभी उसे अपने पिताजी का खयाल आया, वह सोचने लगा कि जब पुलिसवालों ने पिताजी को मुझ पर लगे आरोप के बारे में बताया होगा तो उनकी क्या हालत हुई होगी?

रणविजय को अब खुद से ज्यादा चिंता अपने माता-पिता की होने लगी। वह उनकी पीड़ा के बारे में सोचने लगा। उसका दर्द अपनी अंतिम सीमा तक पहुँच चुका था। एक ऐसा असीमित दर्द, जिसका कोई अंत नहीं था। अपने

इसी दर्द को सीने से लगाए रणविजय की कब आँख लग गई, उसे पता ही नहीं चला।

अगली सुबह जेल मुंशी ने उसे बताया कि उससे मिलने कोई आया है। थोड़ी देर बाद वह मुलाकात के लिए खिड़की पर पहुँचा तो कलेजा सीने से बाहर आ गया। सामने माँ-पिताजी खड़े थे। रणविजय से नजर मिलते ही दोनों बेतहाशा रोने लगे। उनके रोने में नाराजगी कम, अपने दुर्भाग्य के सामने टूट जाने की बेबसी अधिक थी।

अगली सुबह जेल मुंशी ने उसे बताया कि उससे मिलने कोई आया है। थोड़ी देर बाद वह मुलाकात के लिए खिड़की पर पहुँचा तो कलेजा सीने से बाहर आ गया। सामने माँ-पिताजी खड़े थे। रणविजय से नजर मिलते ही दोनों बेतहाशा रोने लगे।

उन्हें नहीं पता था कि बेटे से क्या पूछें, वे नहीं जानते थे कि बेटे से क्या कहें, वे बस इतना जानते थे कि जिन हालात में तकदीर उन्हें घसीटकर लाई है, कम-से-कम उनके कर्म इस लायक तो नहीं थे।

कुछ देर की चुप्पी के बाद रणविजय के पिता बोले, "बेटा, वकील कर लिया है, वह कह रहा है कि मुश्किल है, मगर वह जमानत करवाने की पूरी कोशिश करेगा।"

इसके बाद उन्होंने साथ लाया खाने का सामान रणविजय को दिया और वापस चले गए। माता-पिता से भले ही रणविजय की लंबी बात न हो पाई हो, लेकिन इस तरह से उनसे मिलकर उसे संतोष हो रहा था, क्योंकि इस घटना के बाद एक-न-एक दिन तो उसे माता-पिता का सामना करना ही था। उस भारी नाउम्मीदी में उसे इस बात की तसल्ली तो मिली कि उसके माँ-पिताजी तो उसके साथ हैं।

रणविजय जेल के माहौल में खुद को ढालने की कोशिश कर रहा था। साथ ही उसे हर पल अपनी जमानत का भी इंतजार था। इसी इंतजार में दो

हफ्ते बीत गए, फिर एक दिन जेल मुंशी ने आकर बताया कि उसके पिता मिलने आए हैं।

पिता के आने की बात ने रणविजय में जोश भर दिया। वह तेज कदमों से उनसे मिलने पहुँचा, मगर उनके सामने पहुँचते ही वह एकदम स्थिर हो गया। उसे समझ नहीं आया कि क्या कहे। पिताजी ने बताया कि तबीयत खराब होने की वजह से माँ साथ में नहीं आ पाई, मगर उनके पास बताने लायक यह इकलौती बुरी खबर नहीं थी।

पिता ने आगे बताया कि उसकी जमानत की अर्जी खारिज हो गई है। वकील कह रहा था कि बलात्कार के मामले में इतनी जल्दी जमानत नहीं मिलती। जागीर सिंह ने बताया कि वह रणविजय की जमानत के लिए एक बड़ा वकील करने जा रहे हैं। उसकी फीस भी बहुत ज्यादा है, लेकिन वह पैसों की चिंता न करे, उसका बंदोबस्त जैसे-तैसे उन्होंने कर लिया है। उन्हें पूरी उम्मीद थी कि दोबारा अर्जी लगाने के बाद रणविजय को जमानत जरूर मिल जाएगी।

पिता ने आगे बताया कि उसकी जमानत की अर्जी खारिज हो गई है। वकील कह रहा था कि बलात्कार के मामले में इतनी जल्दी जमानत नहीं मिलती। जागीर सिंह ने बताया कि वह रणविजय की जमानत के लिए एक बड़ा वकील करने जा रहे हैं।

रणविजय के पिता भी जानते थे कि उसका वहाँ से बाहर आना इतना आसान नहीं था, फिर भी जमानत की बात बोलकर वे रणविजय से ज्यादा खुद को तसल्ली दे रहे थे। जागीर सिंह का चेहरा देखकर साफ लग रहा था कि उनकी आँखें भी आँसू बहा-बहाकर सूख चुकी हैं। वे अंदर से बेहद टूट चुके थे, मगर उस घड़ी वे रणविजय के सामने रोकर उसे और कमजोर नहीं करना चाहते थे। बेटे पर लगे गंभीर आरोपों के बावजूद उनका दिल यह मानने को तैयार नहीं था कि वह ऐसी हरकत कर सकता है। उन्हें अपने संस्कारों और परवरिश पर पूरा भरोसा था, इसलिए वहाँ रुकने के दौरान उन्होंने एक बार भी उन आरोपों के बारे में बात नहीं की। वे बस उसे हौसला देते रहे और

जल्द जमानत मिलने की उम्मीद जताते रहे।

रणविजय को तसल्ली दे पिता वहाँ से चले गए, मगर पता नहीं क्यों, वह खुद जमानत मिलने की उम्मीद खो चुका था। उसके दिलो-दिमाग पर नकारात्मकता हावी हो चुकी थी। उसका मन जैसे अपने भविष्य की टोह ले चुका था। कुछ दिन में नए वकील की तरफ से लगाई जमानत अर्जी भी खारिज हो गई। इसके बाद कुछ और बार जमानत की अर्जी लगाई गई, मगर हर बार उसे ठुकरा दिया गया। जमानत के लिए हाईकोर्ट में भी अपील की गई, मगर कोई फायदा नहीं हुआ। वकील ने रणविजय के पिता को बताया कि हाईकोर्ट से जमानत खारिज होने के बाद दोबारा अपील करने में वक्त लगेगा।

रणविजय को तसल्ली दे पिता वहाँ से चले गए, मगर पता नहीं क्यों, वह खुद जमानत मिलने की उम्मीद खो चुका था। उसके दिलो-दिमाग पर नकारात्मकता हावी हो चुकी थी। उसका मन जैसे अपने भविष्य की टोह ले चुका था।

इस बीच रणविजय को जेल में बंद हुए 3 महीने से ज्यादा बीत चुके थे। वह अब भी उसके साथ हुए उस धोखे को समझ नहीं पा रहा था। कामिनी से पहली बार मिलने के बाद उसके ट्रेनिंग के लिए मुंबई जाने तक उसे एक बार भी यह अहसास नहीं हुआ कि वह लड़की उसे धोखा दे सकती है। उसने कई बार पुरानी घटनाओं को याद करने की कोशिश की, मगर कामिनी से जुड़ा ऐसा कोई बरताव याद नहीं आया, जिस पर वह शक कर सके। रणविजय सोचने लगा कि फिर ऐसा क्या हुआ कि कामिनी पूरी तरह बदल गई। संजय और कामिनी के बीच नजदीकियों का भी उसे कभी अहसास नहीं हुआ। उसके मुंबई जाने के हफ्ते-दस दिन में ही ऐसा क्या हो गया कि वे दोनों एक-दूसरे के इतने करीब आ गए?

क्या यह सिलसिला उसके मुंबई जाने के बाद शुरू हुआ या दोनों के बीच पहले से ही कुछ था? न जाने कितने सवाल थे, जो रणविजय के दिमाग में कौंध रहे थे, मगर उन सवालों का जवाब देनेवाला कोई नहीं था।

जेल में ऐसा कोई शख्स भी नहीं था, जिससे वह अपने दिल की बात साझा कर सकता हो। वह इन्हीं सवालों में घुटता और हर पल अपनी तकदीर को कोसता रहता।

फिर एक दिन रणविजय की शांतनु नाम के एक ऐसे कैदी से मुलाकात हुई, जिसे देखकर कोई भी समझ सकता था कि वह कोई पेशेवर अपराधी नहीं था। रणविजय की तरह शांतनु को भी एक झूठे केस में फँसाया गया था। इतने वक्त बाद उसने भी अपने बाहर निकलने की उम्मीद छोड़ दी थी। रणविजय ने शांतनु को जब अपनी जमानत अर्जी बार-बार खारिज होने की बात बताई तो उसने रणविजय को एक मजाकिया किस्सा सुनाया।

फिर एक दिन रणविजय की शांतनु नाम के एक ऐसे कैदी से मुलाकात हुई, जिसे देखकर कोई भी समझ सकता था कि वह कोई पेशेवर अपराधी नहीं था। रणविजय की तरह शांतनु को भी एक झूठे केस में फँसाया गया था। इतने वक्त बाद उसने भी अपने बाहर निकलने की उम्मीद छोड़ दी थी।

शांतनु ने बताया कि एक बार एस.एस.पी. साहब ने एस.पी. को 5 ऊँटों को गिरफ्तार करने को कहा। आदेश का पालन करते हुए एस.पी. साहब ने आगे यही आदेश एस.एच.ओ. को दे दिया। एस.एच.ओ. ने यही आदेश हेड कांस्टेबल को दिया और हेड कांस्टेबल ने सिपाही से कह दिया कि जल्द-से-जल्द 5 ऊँटों को गिरफ्तार करके लाया जाए।

सिपाही पर जल्द गिरफ्तारी का दबाव था। आनन-फानन में उसने 5 गधे पकड़कर हेड कांस्टेबल के सामने पेश कर दिए और कहा, साहब, यह रहे 5 ऊँट। यह सुनते ही गधे बोले, साहब, हम ऊँट नहीं, गधे हैं। हेड कांस्टेबल ने कहा कि तुम गधे हो या ऊँट इसका फैसला एस.एच.ओ. साहब करेंगे। एस.एच.ओ. ने कहा, इसका फैसला एस.पी. साहब करेंगे और एस.पी. ने यही बात एस.एस.पी. साहब के लिए बोलकर अपनी जान छुड़ा ली।

मामला एस.एस.पी. साहब के पास पहुँचा तो उन्होंने कहा कि आप लोग पाँच ऊँट हो या पाँच गधे, इसका फैसला अदालत करेगी।

अदालत में जज ने इन पाँचों से अपनी सफाई में कुछ कहने को कहा तो पाँचों एक साथ बोले कि साहब, हम गधे हैं, हमें ऊँट बोलकर फँसाया जा रहा है। पाँचों गधों की बात सुनने के बाद जज बोला, आप लोग गधे हैं या ऊँट, इसका फैसला चार्जशीट फाइल होने के बाद किया जाएगा।

इसके बाद चार्जशीट फाइल हुई, जिसमें पाँचों गधों को झूठा बताया गया। गधों ने अदालत में अपना जुर्म कबूल करते हुए कहा कि जी साहब, हम ऊँट ही हैं। जवाब सुनने के बाद जज ने कहा कि आप सच बोल रहे हैं या झूठ, यह पता लगाने के लिए हमें ट्रायल चलाना पड़ेगा। इसके बाद 18 सालों तक उनका ट्रायल चला। ट्रायल के दौरान 3 गधे मारे गए। बचे 2 गधों को जज के सामने पेश किया तो जज ने फैसला सुनाते हुए कहा कि यह सच है कि आप लोग गधे ही हैं। लिहाजा आपको ऊँट होने के इल्जाम से मुक्त किया जाता है, आप घर जा सकते हैं।

रणविजय, जो अब तक बड़े गौर से शांतनु की कहानी सुन रहा था, वह इस कहानी का मर्म समझ चुका था। रणविजय की ओर देखते हुए शांतनु बोला, "तो भइया, ऐसे माहौल में, जहाँ एक गधे को खुद को गधा साबित करने में 18 साल लग जाते हैं, वहाँ एक बेगुनाह का क्या हश्र होता होगा, यह तो तुम अच्छी तरह से समझ सकते हो।"

शांतनु की इस कहानी ने कुछ पलों के लिए रणविजय के चेहरे पर मुसकान ला दी, मगर वह भी जानता था कि इस कहानी में न्याय व्यवस्था की सबसे घिनौनी त्रासदी छिपी हुई है। वह त्रासदी जिसे कुछ हद तक वह खुद भी इतने वक्त से भुगत रहा था।

□

भाग-14

रणविजय से बात हुए आज 3 महीने से ऊपर हो गए। पिछली बातचीत में उसने बताया था कि उसे सिर में भारी दर्द रहता है। चक्कर आते हैं। लगातार दर्द की शिकायत के बाद डॉक्टर ने उसे दीनदयाल उपाध्याय अस्पताल में रेफर किया था, जहाँ डॉक्टरों ने उसके कुछ जरूरी टेस्ट करवाए। रिपोर्ट्स आने पर पता चला कि उसे ब्रेन ट्यूमर है। डॉक्टरों ने कुछ दवाएँ देने के बाद उसे एक हफ्ते बाद दोबारा दिखाने के लिए बोला था। मुझे ये सब बातें रणविजय ने हमारी पिछली मुलाकात में बताई थीं। उसके बाद निजी व्यस्तता की वजह से मेरा उससे मिलना नहीं हो पाया।

आज मुझे अचानक रणविजय का खयाल आया तो मैंने फिर तिहाड़ जाकर उससे मिलने का फैसला किया। जेल मुंशी रणविजय को बुलाने गया हुआ था। इस बीच उसकी सेहत को लेकर मन में तमाम तरह की आशंकाएँ पैदा हो रही थीं। पता नहीं वह कैसा होगा? भगवान् करे, सब ठीक हो। मुझे उससे पहले ही मिल लेना चाहिए था। मैं इन सब बातों के बारे में सोच ही रहा था कि तभी रणविजय मेरे सामने आ गया। उसकी हालत देखकर एकदम से मेरा दिल बैठ गया। लंबा-चौड़ा खूबसूरत नौजवान अपने ही अतीत की धुंधली परछाईं बन चुका था। उसकी हालत देखकर मेरी रूह काँप गई।

उसका वजन पहले से आधा हो गया था। सिर के बाल भी कुछ उड़ गए थे। चेहरे के बाएँ हिस्से में लकवा मार गया था और वह लाठी के सहारे चल रहा था। इस सबके बावजूद मुझसे नजर मिलते ही वह मुसकरा दिया।

उसे शायद इस बात की खुशी थी कि काफी वक्त बाद ही सही उसका कोई अपना उससे मिलने तो आया।

मिलते ही मैंने उससे पहला सवाल उसकी जमानत को लेकर पूछा, "रणविजय, यह क्या हो गया तुम्हें? अगर तुम्हारी हालत इतनी खराब है तो तुम मेडिकल ग्राउंड पर जमानत क्यों नहीं ले लेते, इसमें तो अदालत को भी कोई परेशानी नहीं होगी।"

उसने भी बिना किसी लाग-लपेट के सीधा जवाब दिया, "सर, क्या बताऊँ, बार-बार अदालती चक्करों के लिए न तो मेरे माता-पिता के पास पैसा बचा है और न हिम्मत, वैसे भी हाईकोर्ट से जमानत खारिज होने के बाद कोई भी वकील केस में हाथ डालने की हिम्मत नहीं कर रहा।"

उसने भी बिना किसी लाग-लपेट के सीधा जवाब दिया, "सर, क्या बताऊँ, बार-बार अदालती चक्करों के लिए न तो मेरे माता-पिता के पास पैसा बचा है और न हिम्मत, वैसे भी हाईकोर्ट से जमानत खारिज होने के बाद कोई भी वकील केस में हाथ डालने की हिम्मत नहीं कर रहा।"

रणविजय ने बताया कि वकीलों को यह भी डर है कि अगर सुप्रीम कोर्ट ने जमानत खारिज कर दी तो ट्रायल में पक्के तौर पर सजा हो जाएगी। इसी वजह से वे लोग सुप्रीम कोर्ट नहीं जा रहे।

मैंने अपनी बात फिर दोहराते हुए पूछा, "लेकिन तुमने मेडिकल ग्राउंड पर जमानत क्यों नहीं माँगी, उसमें तो तुम्हें बेल मिल जानी चाहिए थी।"

इस पर रणविजय ने बताया कि उन लोगों ने मेडिकल ग्राउंड पर भी कोर्ट में अर्जी दी थी, मगर अदालत ने यह कहते हुए उसे खारिज कर दिया कि जेल में हर तरह का इलाज संभव है।

कुछ देर की चुप्पी के बाद रणविजय बोला, "आज से 3 दिन बाद ब्रेन ट्यूमर के ऑपरेशन की डेट मिली है। डॉक्टरों को उम्मीद है कि ट्यूमर

ऑपरेट होने के बाद लकवा भी ठीक हो जाएगा।"

फिर वह थोड़ा रुककर बोला, "सर, जमानत मिल भी गई तो मैं बाहर जाकर करूँगा क्या, मेरे पास तो इलाज के लिए भी पैसे नहीं हैं, मुझे तो लगता है कि जेल में रखकर भगवान् मेरी मदद ही कर रहा है।"

उसकी यह बात सुनकर मैं सोचने लगा कि विश्वास भी कितनी अजीब शह है। एक शख्स, जो बिना किसी कसूर के जेल में सड़ रहा है, जिसका कॅरियर बरबाद हो चुका है, माता-पिता की खुशियाँ लुट चुकी हैं, जिसके सच्चे प्यार ने उसे धोखा दिया और जिसका आज जिंदा रहने तक का ठिकाना नहीं, वह खुद के जेल में होने को भगवान् की मर्जी मानकर संतोष तलाश रहा है!

इस बीच रणविजय के ऑपरेशन का वक्त नजदीक आ गया। यह ऑपरेशन से पहले की रात थी। उसका मन एक बार फिर अपनी जिंदगी का हिसाब-किताब करने में लग गया। उसकी सूई एक बार फिर कामिनी पर आकर अटक गई। वह कामिनी से अपनी पहली मुलाकात याद करने लगा। उसका कामिनी के केबिन में बैठकर बायोडेटा बनाना, फिर कामिनी का नौकरी के लिए उसका बायोडेटा वेबसाइट्स पर अपलोड करना। वह सोचने लगा कि क्या कामिनी की वह भलमनसाहत सच्ची थी? क्या कामिनी ने सच में उससे कभी प्यार किया था? अगर कामिनी को उससे प्यार नहीं था तो उसने इतना सबकुछ आगे बढ़कर क्यों किया? और अगर किया तो फिर उससे ऐसी क्या गलती हो गई कि वह कामिनी के दिल से उतर गया? अगर कामिनी को संजय पसंद आया भी था तो वह चुपचाप उसकी जिंदगी से चली जाती, सिर्फ संजय के साथ

इस बीच रणविजय के ऑपरेशन का वक्त नजदीक आ गया। यह ऑपरेशन से पहले की रात थी। उसका मन एक बार फिर अपनी जिंदगी का हिसाब-किताब करने में लग गया। उसकी सूई एक बार फिर कामिनी पर आकर अटक गई।

जाने के लिए उसने रणविजय पर झूठा इल्जाम क्यों लगाया?

एक ऐसा इल्जाम, जिसने उससे उसका सबकुछ छीन लिया। कल तक रणविजय के लिए अपने माता-पिता तक को छोड़ देनेवाली कामिनी ने उसके साथ दुश्मनों से भी बुरा सलूक क्यों किया? क्या उसने एक बार भी यह नहीं सोचा कि जेल में रणविजय की क्या हालत हो रही होगी? क्या उसे कभी अपनी गलती का अहसास नहीं हुआ?

रणविजय ने कई बार सोचा था कि वह कामिनी से एक बार मिलकर इन सवालों के जवाब जाने। एक बार उसने अपने वकील से भी कहा था कि वह कामिनी से उसकी मुलाकात करवा दे। किसी के जरिए कामिनी तक यह संदेश पहुँचा दे कि वह उससे मिलना चाहता है, मगर वकील ने उसे भूलकर भी ऐसा न करने की सलाह दी। वकील का कहना था कि कामिनी से मिलना खुद उसका केस कमजोर कर सकता है। कामिनी ने कोर्ट में अगर इस बारे में कुछ बोल दिया तो रणविजय के जेल से बाहर आने की रही-सही उम्मीद भी खत्म हो जाएगी।

रणविजय ने कई बार सोचा था कि वह कामिनी से एक बार मिलकर इन सवालों के जवाब जाने। एक बार उसने अपने वकील से भी कहा था कि वह कामिनी से उसकी मुलाकात करवा दे।

कामिनी से मिलने की बात कई बार रणविजय के मन में आती थी, मगर हर बार वकील उसे ऐसा न करने की हिदायत देकर शांत कर देते थे। ऑपरेशन से पहले आज रणविजय का मन कुछ ज्यादा ही उदास था। वह नई-पुरानी यादों में भटक रहा था। वह अपने स्कूल के दिन याद करने लगा। कैसे वह अपने स्कूल का हीरो हुआ करता था। एक ऐसा बच्चा, जिसकी हर जगह मिसाल दी जाती थी। जो पढ़ाई में नंबर वन था, खेलकूद में भी अव्वल और भाषण प्रतियोगिता में भी हर बार जीतता था।

रणविजय सोचने लगा कि आखिर वह अपने गाँव से निकला ही क्यों?

वहाँ के लोग बड़े सीधे-सादे थे। उनके कोई बड़े सपने नहीं थे, लेकिन वह किसी का बुरा नहीं चाहते थे। हो सकता है, गाँव में रहते मैं बड़ा आदमी न बनता, लेकिन जो भी करता शायद उसमें खुश रहता। हो सकता है, मैं वहाँ रहकर कोई बड़ी दौलत न कमा पाता, लेकिन गाँव के वे लोग, मेरे दोस्त-रिश्तेदार ही मेरी दौलत होते। जिन पर मैं कभी भी आँख मूँदकर भरोसा कर सकता था। इन्हीं सब बातों के बारे में सोच-सोचकर रणविजय ने सारी रात निकाल दी।

सुबह 6 बजे हवलदार ने गेट पर आकर डंडा फटकारा तो एक झटके में वह अपनी अधकच्ची नींद से भी जाग गया। हवलदार ने रणविजय से ठीक 7 बजे 'चक्कर' पर पहुँचने के लिए कहा। रणविजय तय समय पर 'चक्कर' पर पहुँच गया, जहाँ उसकी गाड़ी लग चुकी थी। गाड़ी में बैठने से पहले उसने वहाँ खड़े एक सिपाही से आग्रह किया, वह उसके माता-पिता तक यह संदेश पहुँचा दे कि इस बार मुलाकात के लिए न आएँ। उसे डर था कि मुलाकात के लिए आने पर उन्हें रणविजय के अस्पताल में होने की बात पता चली तो वे घबरा जाएँगे। वह नहीं चाहता था कि उसके माता-पिता को इस ऑपरेशन का पता चले, इसलिए उसने सिपाही से आग्रह किया कि वे उसके माता-पिता को इस बार आने से रोक ले, मगर सिपाही ने यह कहते हुए मना कर दिया कि ऐसा करना उसके हाथ में नहीं है।

सुबह 6 बजे हवलदार ने गेट पर आकर डंडा फटकारा तो एक झटके में वह अपनी अधकच्ची नींद से भी जाग गया। हवलदार ने रणविजय से ठीक 7 बजे 'चक्कर' पर पहुँचने के लिए कहा। रणविजय तय समय पर 'चक्कर' पर पहुँच गया, जहाँ उसकी गाड़ी लग चुकी थी।

इससे पहले कि रणविजय सिपाही से कुछ और कह पाता, एक अन्य सिपाही ने उसे गाड़ी में धकेल दिया। सवा से डेढ़ घंटे में रणविजय अस्पताल पहुँच चुका था, जहाँ साथ आए जवानों ने उसे अस्पताल स्टाफ के हवाले कर दिया। जेल से निकलने के बाद हवालाती की जिम्मेदारी जिला प्रशासन की हो

जाती है और इस केस में जिला प्रशासन दिल्ली पुलिस था।

डॉक्टर ने चेकअप के बाद रणविजय के कुछ और टेस्ट करवाने के लिए बोल दिया। रणविजय को समझ नहीं आ रहा था कि जब आज उसका ऑपरेशन होना है तो आखिरी वक्त पर ये और कौन से टेस्ट निकल आए। रणविजय इसलिए ज्यादा झुँझलाया था, क्योंकि जब तक इन नए टेस्ट्स के नतीजे नहीं आ जाते, तब तक उसे ऑपरेशन के लिए और इंतजार करना पड़ता। उसने एक-आध बार नर्स से भी इस बारे में पूछा, मगर कोई जवाब नहीं मिला।

इधर रणविजय को जिस बात की चिंता थी, वही हुआ। उसके जेल परिसर से जाने के कुछ ही देर बाद उसके माता-पिता उससे मिलने आ गए। जेल पहुँचने पर उन्हें पता चला कि रणविजय तो जेल में ही नहीं है, बल्कि उसे अस्पताल ले जाया गया है। अस्पताल ले जाने की बात सुनकर रणविजय के माता-पिता के पैरों तले की जमीन खिसक गई। उन्होंने सिपाही से घबराते हुए पूछा कि उसे किसलिए अस्पताल लेकर गए हैं, जिस पर सिपाही ने उन्हें रणविजय के ऑपरेशन की जानकारी दी।

इधर रणविजय को जिस बात की चिंता थी, वही हुआ। उसके जेल परिसर से जाने के कुछ ही देर बाद उसके माता-पिता उससे मिलने आ गए। जेल पहुँचने पर उन्हें पता चला कि रणविजय तो जेल में ही नहीं है, बल्कि उसे अस्पताल ले जाया गया है।

ऑपरेशन की बात सुनकर तो रणविजय के माता-पिता के शरीर से जैसे प्राण ही निकल गए। उन्हें लगा कि दु:ख उनके बेटे का पीछा ही नहीं छोड़ रहे। रणविजय का किस चीज का ऑपरेशन है और वह कब तक आएगा, सिपाही को भी इस बात की जानकारी नहीं थी।

सिपाही ने थोड़ी दूर पर खड़े एक अधिकारी की ओर इशारा कर उनसे पूछने की सलाह दी। अधिकारी रणविजय के केस से वाकिफ था और वह

जेल के बाकी स्टाफ की तरह उतना रूखा नहीं था। उसने पूरी संवेदनशीलता के साथ रणविजय की स्थिति समझाते हुए रणविजय के पिता को सारी बात बताई। जागीर सिंह भी सारे मामले की गंभीरता को समझ चुके थे, मगर उन्होंने चेहरे पर ज्यादा शिकन नहीं आने दी। वापस आकर उन्होंने रणविजय की माँ से झूठ बोलते हुए कहा कि कोई खास बात नहीं है। जरा सी तबीयत बिगड़ गई थी, इसलिए सामान्य चेकअप के लिए लेकर गए हैं, जल्द लौट आएगा, मगर माँ का दिल तो माँ का होता है। रणविजय के पिता की इस बात से उसकी माँ को तसल्ली नहीं हुई। उनका मन तमाम तरह की कल्पनाएँ करने लगा। अचानक उनकी घबराहट बढ़ गई। वे जिद करने लगीं कि उन्हें अभी रणविजय से मिलना है।

रणविजय के पिता ने उसी अधिकारी से अस्पताल का पता देने की गुजारिश की, ताकि वे लोग वहाँ जाकर उससे मिल आएँ। अधिकारी ने बताया कि इस तरह उनकी अस्पताल में रणविजय से मुलाकात नहीं हो सकती, लेकिन माँ-बाप का भावुक मन यह बात सुनने को तैयार नहीं हुआ। हारकर अधिकारी ने उन्हें एड्रेस नोट करवा दिया।

रणविजय के पिता ने उसी अधिकारी से अस्पताल का पता देने की गुजारिश की, ताकि वे लोग वहाँ जाकर उससे मिल आएँ। अधिकारी ने बताया कि इस तरह उनकी अस्पताल में रणविजय से मुलाकात नहीं हो सकती, लेकिन माँ-बाप का भावुक मन यह बात सुनने को तैयार नहीं हुआ।

अस्पताल पहुँचने पर उन्हें बताया गया कि बिना कोर्ट की परमिशन के उन्हें रणविजय से मिलने नहीं दिया जा सकता। उन्होंने अस्पताल के अधिकारियों से कई बार मिन्नत की, लेकिन उन्होंने कानून का हवाला देकर ऐसा करने से मना कर दिया। बदहवास माता-पिता, जैसे-तैसे इजाजत लेने कोर्ट पहुँचे, लेकिन तब तक कोर्ट बंद हो चुका था। वहाँ मौजूद कर्मचारियों ने उन्हें अगले दिन फिर आने की सलाह दी।

इधर रणविजय के सारे जरूरी टेस्ट कर लिये गए थे। डॉक्टरों ने अगले दिन उसका ऑपरेशन करने का फैसला किया। रणविजय का दिमाग पूरी तरह से दवाओं के असर में था। वह अधखुली आँखों से आसपास हो रही हलचल को देख रहा था। उसके कानों में अजीबोगरीब आवाजें आ रही थीं। वह समझ नहीं पा रहा था कि ये आवाजें असली हैं या वह कोई सपना देख रहा है। उसे मतिभ्रम हो रहा था। कभी उसे लगता कि कामिनी उसे पुकार रही है। कभी उसे अपनी माँ की आवाज सुनाई देती, तभी उसकी आँखों के आगे वह मंजर आ गया, जब वह कामिनी को ढूँढ़ते-ढूँढ़ते संजय के घर गया था। भीड़ उस पर चिल्ला रही थी। वह भीड़ से भागने की कोशिश कर रहा था। भागते-भागते वह लड़खड़ाकर गिर जाता है। उसे लगता है, लोग उसे मार डालेंगे, तभी उसे दूर से माँ आती दिखाई देती है। वह माँ की तरफ दौड़ता है। वह माँ तक पहुँचनेवाला ही था, तभी कुछ पुलिसवाले उसका हाथ पकड़ लेते हैं।

उसके कानों में अजीबोगरीब आवाजें आ रही थीं। वह समझ नहीं पा रहा था कि ये आवाजें असली हैं या वह कोई सपना देख रहा है। उसे मतिभ्रम हो रहा था। कभी उसे लगता कि कामिनी उसे पुकार रही है।

उसे अचानक पेट में भूख का अहसास होता है।

फिर उसे आँख के एक कोने से नर्स ड्रिप बदलती दिखाई देती है। वह धीरे-धीरे नींद के आगोश में जाने लगता है। उसे सपना आता है कि वह एक ऐसी जगह पहुँच गया है, जहाँ बर्फ-ही-बर्फ है। वह बर्फ उसे बेहद सुकून दे रही है। चारों तरफ रुई जैसी सफेद बर्फ। वह वहीं बर्फ की किसी चोटी पर बैठा है, तभी कुछ दूरी पर उसे संजय और कामिनी दिखाई देते हैं। दोनों उसकी तरफ देखकर हँस रहे हैं, तभी उसकी नजर दूसरी तरफ पड़ती है, जहाँ उसके माता-पिता खड़े हैं। उसकी माँ बुरी तरह से रो रही है। वह दोनों को चुप करवाने के लिए आगे बढ़ना चाहता है, मगर उसके पैर बर्फ में धँस जाते हैं। वह आगे बढ़ने की कोशिश करता है तो बर्फ में और गहरे धँस जाता

है। वह पिता को आवाज लगाना चाह रहा है, मगर उसकी आवाज उन तक पहुँच ही नहीं रही।

तभी उसे लगता है कि किसी ने उसे पीछे से आवाज दी। वह मुड़कर देखता है तो वहाँ कोई नहीं था, अब एक साथ कई आवाजें उसका नाम पुकार रही हैं। एक झटके में उसकी आँख खुल जाती है। वह देखता है, सामने नर्स खड़ी है। नर्स उसे बताती है कि एक घंटे बाद उसका ऑपरेशन है।

कुछ देर में रणविजय ऑपरेशन थिएटर में था। वहाँ पहुँचकर उसे अचानक तेज सर्दी लगने लगती है। वह ठंड से काँपने लगता है। वह नर्स को इस बारे में बताता है तो वह अनसुना कर देती है, फिर वह एक लेडी डॉक्टर से ठंड लगने की बात करता है, जो वार्ड बॉय को रणविजय पर एक्सट्रा कंबल डालने के लिए कहती है।

रणविजय को अब तेज भूख लगने लगती है। वह डॉक्टर को भूख लगने की बात बताता है। लेडी डॉक्टर इस बात को यह कहते हुए हँसते हुए टाल देती है कि ऑपरेशन के बाद आपका जो दिल हो वह खा लेना, इस वक्त आप कुछ नहीं खा सकते, वैसे भी आपको अभी बेहोशी का इंजेक्शन दिया जाएगा। रणविजय घबराहट में लगातार बड़बड़ा रहा था, जिस पर डॉक्टर ने उसे खुद को शांत करने के लिए कहा।

रणविजय को अब तेज भूख लगने लगती है। वह डॉक्टर को भूख लगने की बात बताता है। लेडी डॉक्टर इस बात को यह कहते हुए हँसते हुए टाल देती है कि ऑपरेशन के बाद आपका जो दिल हो वह खा लेना, इस वक्त आप कुछ नहीं खा सकते, वैसे भी आपको अभी बेहोशी का इंजेक्शन दिया जाएगा।

लेकिन रणविजय खुद को शांत नहीं रख पा रहा था। उसने डॉक्टर से पूछा कि ऑपरेशन कितनी देर चलेगा? उसे कब तक होश आ जाएगा?

उसका लकवा तो ठीक हो जाएगा न? उसे पूरी तरह ठीक होने में कितना वक्त लेगा? वह लगातार सवाल दागे जा रहा था। लेडी डॉक्टर ने हर सवाल का जवाब देने के बजाय उससे सिर्फ इतना कहा कि आप जल्द ही ठीक हो जाएँगे। चिंता न करें, बाकी अभी सीनियर डॉक्टर आएँगे, आपको जो पूछना है, उनसे पूछ लीजिएगा।

लेडी डॉक्टर ने रणविजय के ज्यादा सवालों का जवाब नहीं दिया था, लेकिन वह उसके साथ रुखाई से पेश नहीं आई थी, यही रणविजय के लिए काफी था।

तभी सीनियर डॉक्टर ऑपरेशन थिएटर में दाखिल हुए। उन्होंने आते ही रणविजय को बेहोशी का इंजेक्शन दे दिया। लेडी डॉक्टर ने रणविजय के माथे पर हाथ रखते हुए उससे कहा कि अब आप आँखें बंद कर लीजिए। चिंता मत कीजिए। अभी आपको नींद आ जाएगी। रणविजय सीनियर डॉक्टर से कुछ पूछना चाह रहा था, मगर तभी वह नींद की गिरफ्त में चला गया। इंजेक्शन ने जल्द ही अपना असर दिखा दिया था।

तभी सीनियर डॉक्टर ऑपरेशन थिएटर में दाखिल हुए। उन्होंने आते ही रणविजय को बेहोशी का इंजेक्शन दे दिया। लेडी डॉक्टर ने रणविजय के माथे पर हाथ रखते हुए उससे कहा कि अब आप आँखें बंद कर लीजिए।

इधर रणविजय के माता-पिता अदालत से परमिशन लेकर अस्पताल पहुँच चुके थे। अस्पताल पहुँचने पर उन्हें पता चला कि रणविजय को ऑपरेशन थिएटर ले जाया जा चुका है। उसे देखने के लिए अभी उन्हें कुछ देर इंतजार करना होगा।

रणविजय के माता-पिता वेटिंग रूम में बैठकर बेटे का ऑपरेशन खत्म होने का इंतजार करने लगे। रणविजय की माँ को तो कुछ पता भी नहीं था कि आखिर हुआ क्या है? पिता जागीर सिंह लगातार उसे हौसला दे रहे थे, वे अब

भी यही दोहरा रहे थे कि सबकुछ सामान्य है। बस थोड़ी ही देर में रणविजय मिलने आनेवाला है, पर अंदर-ही-अंदर खुद उनका दिल भी तेजी से धड़क रहा था। जेल के अधिकारी ने उन्हें हालत की गंभीरता का अंदाजा दे दिया था। वे भी जानते थे कि ब्रेन ट्यूमर कितनी खतरनाक बीमारी है और इसका ऑपरेशन कितना मुश्किल है, मगर अपनी तमाम आशंकाओं और चिंताओं को छिपाए वे चुपचाप रणविजय की माँ के सामने सामान्य बने रहे। उसे हौसला देते रहे। इधर-उधर की बात कर उसका दिल बहलाते रहे, मगर ऑपरेशन थिएटर के अंदर क्या चल रहा था, क्या होनेवाला था, कोई नहीं जानता था।

उस दिन दोपहर को अपने दफ्तर में बैठा मैं कुछ जरूरी फाइलें देख रहा था। मेरे दिमाग में रणविजय के ऑपरेशन की बात घूम रही थी। सोच रहा था कि थोड़ा फ्री होकर किसी जूनियर वकील से अस्पताल में फोन करवाकर उसकी तबीयत पुछवाऊँगा, पर तभी मेरी नजर केबिन में लगी टी.वी. पर गई। स्क्रीन पर दीनदयाल अस्पताल से जुड़ी एक खबर फ्लैश हो रही थी। मन में कुछ दुविधा हुई। चैनल म्यूट पर था। मैंने फौरन आवाज करने के लिए रिमोट तलाशा। टी.वी. का वॉल्यूम ऑन किया तो कुछ समझ नहीं आया।

उस दिन दोपहर को अपने दफ्तर में बैठा मैं कुछ जरूरी फाइलें देख रहा था। मेरे दिमाग में रणविजय के ऑपरेशन की बात घूम रही थी। सोच रहा था कि थोड़ा फ्री होकर किसी जूनियर वकील से अस्पताल में फोन करवाकर उसकी तबीयत पुछवाऊँगा, पर तभी मेरी नजर केबिन में लगी टी.वी. पर गई। स्क्रीन पर दीनदयाल अस्पताल से जुड़ी एक खबर फ्लैश हो रही थी।

स्क्रीन पर एक बुजुर्ग दंपती को दिखाया जा रहा था। एंकर बता रहा था कि इनके बेटे की ऑपरेशन के दौरान आज अस्पताल में मौत हो गई और इन्हें उसकी लाश लेने के लिए भी दर-दर भटकना पड़ रहा है। इतना सुनते ही मेरी हथेलियाँ पसीने से भर गईं। गला सूख गया। जल्द ही स्क्रीन पर रणविजय

की तसवीर थी। एंकर ने फिर दोहराया कि ब्रेन ट्यूमर के ऑपरेशन के दौरान इस युवक की मौत हो गई है।

चैनल लगातार रणविजय के माता-पिता के रोते-बिलखते चेहरे दिखा रहा था। रणविजय की माँ तो रो-रोकर पागल हो रही थीं। उसके पिता खुद रोते हुए बीवी को सँभालने की कोशिश कर रहे थे। एक लोकल चैनल का रिपोर्टर माइक आगे कर उनकी 'बाइट' लेने की कोशिश कर रहा था, पर जार-जार रो रहे माता-पिता के मुँह से कोई शब्द नहीं फूट रहा था।

मुझे समझ नहीं आ रहा था कि ऐसे में अकेले में रो रही माताजी को हौसला दूँ या पिताजी के साथ जाकर अस्पताल के स्टाफ को झाड़ लगाऊँ? मैं वहीं रणविजय की माताजी के पास बैठा रहा। रणविजय के पिता ने जेल अधिकारियों से डेड बॉडी लेने के बारे में सवाल पूछा तो उन्होंने भी अपने हाथ खड़े कर दिए।

रणविजय की मौत की खबर मिलते ही मैं फौरन अपने ऑफिस से अस्पताल पहुँचा। अस्पताल पहुँचने पर मैंने पाया कि रणविजय के पिता अपने बेटे की लाश लेने के लिए अस्पताल में भटक रहे हैं। माँ कोने में बैठी रोए जा रही हैं। वार्ड बॉय ने पिता को यह कहते हुए टरका दिया कि बेटा उनका है तो उन्हें लाश लेने से कौन रोक सकता है? डॉक्टर से पूछा तो उन्होंने यह कहते हुए हाथ खड़े कर दिए कि मरीज अंडर ट्रायल था, इसलिए उसकी लाश उन्हें जेल प्रशासन के माध्यम से मिलेगी।

मुझे समझ नहीं आ रहा था कि ऐसे में अकेले में रो रही माताजी को हौसला दूँ या पिताजी के साथ जाकर अस्पताल के स्टाफ को झाड़ लगाऊँ? मैं वहीं रणविजय की माताजी के पास बैठा रहा। रणविजय के पिता ने जेल अधिकारियों से डेड बॉडी लेने के बारे में सवाल पूछा तो उन्होंने भी अपने हाथ खड़े कर दिए।

जेल प्रशासन का कहना था कि ऑपरेशन के वक्त रणविजय को जेल प्रशासन के हैंडओवर कर दिया गया था। इसलिए उसकी बॉडी उन्हें वहीं से मिलेगी। रणविजय के पिता अस्पताल और जेल प्रशासन की इस रस्साकशी में ही उलझे थे कि मेरी टीम के कुछ जूनियर वकील वहाँ आ गए। रणविजय के पिता को माताजी के पास बैठकर मैंने अस्पताल प्रशासन से इस बारे में बात की। कुछ देर में कागजी काररवाई के बाद मामला निपट गया।

हमें उस कमरे में जाने की इजाजत दे दी गई, जहाँ रणविजय की बॉडी रखी गई थी। वेटिंग रूम से उस कमरे तक का सफर मेरी जिंदगी का सबसे भारी सफर था। रणविजय की माँ रो-रोकर बेहोश होने की कगार पर थीं। पिता कभी मेरे गले लगकर रोते तो कभी बीवी को सँभालते।

हमें उस कमरे में जाने की इजाजत दे दी गई, जहाँ रणविजय की बॉडी रखी गई थी। वेटिंग रूम से उस कमरे तक का सफर मेरी जिंदगी का सबसे भारी सफर था। रणविजय की माँ रो-रोकर बेहोश होने की कगार पर थीं। पिता कभी मेरे गले लगकर रोते तो कभी बीवी को सँभालते।

हम कमरे में पहुँचे तो स्ट्रेचर पर सफेद कपड़ों में लिपटी एक बॉडी पड़ी थी। वार्ड बॉय ने चेहरे से कपड़ा हटाकर बॉडी की पुष्टि करवाई। बेटे का चेहरा देखने के साथ ही माँ वहीं गश खाकर गिर पड़ीं। रणविजय के पिता की हालत भी बेहद बुरी थी। वार्ड बॉय की मदद से हम आंटी को बाहर लेकर आए। उनके चेहरे पर पानी डाला, कुछ देर में उन्हें होश आ गया। होश में आने के बाद वे फिर से उसी तरह बिलखती हुई अपने भाग्य को कोसने लगीं।

हम फिर से उसी वेटिंग रूम में बैठकर बॉडी हैंडओवर किए जाने का इंतजार कर रहे थे। मैं रणविजय के माता-पिता को ढाढ़स बँधा रहा था। ऐसे मौकों पर आपका कहा हर एक शब्द बेमानी होता है। मेरे पास भी उन्हें

तसल्ली देने लायक शब्द नहीं थे। मैं किस मुँह से उन माता-पिता को खुद को सँभालने के लिए कहता जिनका नौजवान बेटा ऐसी बदनसीब मौत मारा गया हो। ऐसे मौकों पर तो आप इसे भगवान् की मर्जी बताकर भी कोई झूठी तसल्ली नहीं दे सकते। आखिर किसी की जिंदगी का ऐसा अंत भगवान् की मर्जी कैसे हो सकता था? मैं निःशब्द था। मेरे पास उन्हें देने के लिए कुछ नहीं था। न कोई दर्शन, न कोई तसल्ली, न कोई झूठा हौसला। मैं बस चुपचाप एक हमदर्द की तरह उनके पास बैठा रहा।

तभी वह वार्ड बॉय हाथ में कुछ सामान लेकर हमारे पास आया। उसने रणविजय का नाम लिया तो मैंने हामी भर दी। जिसके बाद उसने वे चीजें हमारे बगल में रख दीं, जिसमें लकड़ी का एक डंडा था, जिसे रणविजय अपने आखिरी दिनों में सहारे के लिए इस्तेमाल करता था। एक पॉलिथिन में उसके कुछ कपड़े थे। एक डायरी थी, जिसमें शायद उसने कुछ नोट्स लिखे थे और एक पोटली जैसी कोई चीज थी, जिस पर रणविजय की माँ की निगाहें जाकर टिक गई थीं, उन्होंने उसी पल उस पोटली को उठा लिया और उसे सीने से लगाकर रोने लगीं, मैं समझ गया, शायद यह वही पोटली थी, जिसमें वे हर बार खाने के रूप में अपना प्यार बाँधकर अपने बेटे को देती थीं। बेटा खुद तो चला गया, मगर वह खाली पोटली माँ के लिए छोड़ गया, जिसे वे शायद दोबारा कभी नहीं भर पाएँगी।

कुछ देर में डॉक्टर्स ने हमें बॉडी ले जाने की इजाजत दे दी। एंबुलेंस में रणविजय की बॉडी रखकर हम उसे उसके अंतिम सफर पर उसके गाँव के लिए लेकर रवाना हो गए। वह गाँव, जो रणविजय कभी न छोड़ता तो बेहतर था। माँ अभी भी उस पोटली को सीने से चिपटाए बैठी थीं और पिता रणविजय की लाठी थामे, शायद उसमें अपने बेटे का स्पर्श तलाश रहे थे।

□□□